教材にすぐ使える

Scratch3.0
スクラッチ

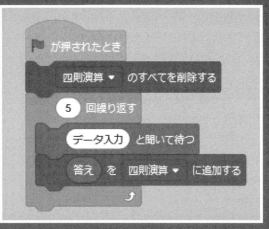

はじめに

　本書は、現場でスクラッチなどのプログラミングを教える教師たちが、すぐ「スクラッチ」を教材作成に使えるようにする目的で書かれている。

＊

　周知のように、昨年から始まった「新学習指導要領」では、小中学校にプログラミング教育が導入されたが、それは、単科ではなく、「各教材にプログラミング」を使うということであった。

　そのため、各教科に適した教材をどのように作るかが大きな課題となっている。

　しかし、プログラミング教育に不慣れな多くの教師たちは、教材作成のノウハウをほとんどもたず、参考となる教材作成の専用テキストもないため、どのように「プログラミング教育」を実践するか戸惑っている。

　この状況を打開するため、教材作成のノウハウを習得できるテキストが求められている。

　この要請を受け、本書は大学の講義で、「教材作成のテキスト」として使用し、実践してきた内容をもとに書かれている。

＊

　本書を読んで教材作成のノウハウを習得し、「プログラミング教育」に挑戦してほしい。

※なお、本書は筆者の前著、『Scratch 3.0』の姉妹書であり、プログラミングの初心者はまず「Scratch 3.0入門」を読んでから本書を読めば、プログラミングの理解が一層深まる。

中国学園大学子ども学部特命教授
梅原嘉介

教材にすぐ使える Scratch3.0
CONTENTS

付録PDFのダウンロード

本書の付録PDFは、下記のページからダウンロードできます。

＜工学社ホームページ＞

http://www.kohgakusha.co.jp/suppor_u.html

ダウンロードしたファイルを解凍するには、下記のパスワードを入力してください。

M6zriK

すべて「半角」で、「大文字」「小文字」を間違えないように入力してください。

第 I 部

プログラミング教育に必要な基礎知識

プログラミング教育に必要な、「データ処理」「音声処理」「メッセージ処理」「定義ブロック処理」の4つの基礎知識を習得しよう。

第1章

オンライン版のスクラッチの起動方法

スクラッチの起動には3つの方法があり、どの方法をとるかは、ユーザーの環境によって異なる（図1-1-1）。

たとえば、「インターネットがない場所でよく使う場合」か、「インターネットが使える場所で使う場合」かによって2つに分かれる。

両者の大きな違いは、「ダウンロードをするか否か」である。

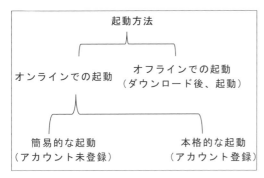

図1-1-1　スクラッチの3つの起動方法

＊

本章では「ダウンロードせずにインターネット上で起動する方法」を説明する。

> ※ダウンロードの仕方については、拙著『Scratch 3.0入門』（工学社）の第1章を参照。

この方法でも「アカウント」を登録するか登録しないかによって、さらに2つの方法に分かれる。

順次見ていこう。

> ※本書は、第II部までは「オンライン版」の「アカウント未登録画面」を中心に説明している。
>
> 第III部では、スクラッチの「公開機能」を使うため、「アカウント登録画面」を使って説明する。

1-1　アカウント未登録による起動方法

オンライン版の「スクラッチ」を使う場合、アカウントを登録するか登録しないかで、方法が2つに分かれる。

＊

最初に、「アカウントを登録せずに起動する方法」を見てみよう。

手 順　アカウントを登録せずに起動させる

[1]「Microsoft Edge」や「Google Chrome」を開き、URLバーに次のアドレスを入力する。

> https://scratch.mit.edu/

> ※「Internet Explorer」は使えないので注意

[2]ホーム画面が表示される。

[3]画面上部の「作る」か、画面中央の「作ってみよう」をクリックする。

図1-1-2 「作る」か「作ってみよう」をクリック

[4] チュートリアル画面が表示されるので、これを削除すると、スクラッチの初期画面が表示される（**図1-1-3**）。

1-2 アカウント登録による起動方法

　次に、「アカウントを登録して起動する方法」を見てみよう。

＊

　アカウントを登録するメリットは、スクラッチのコミュニティサイト上でファイルの「保存」や「共有」、自作のプログラムの「公開」などができる点にある。

　さらに、他の作品をコピーして自由に編集（リミックス）することもできる。

手 順 **スクラッチのアカウント登録**

[1] オンライン版スクラッチのURLを入力する

[2] 表示画面から、「Scratchに参加しよう」をクリック

図1-2-1 「Scratchに参加しよう」をクリック

[3]「ユーザー名」と「パスワード」を入力後、「次へ」をクリックする。

図1-2-2 「ユーザー名」「パスワード」を入力

I 基礎知識

II 活用事例

III 遠隔教育

図1-1-3 スクラッチの初期画面

[4]「国」「生まれた月」「年」「性別」を聞いてくるので、順次入力

[5] メールアドレスを入力

図1-2-3 メールアドレスを入力

[6]図1-2-4の画面が表示される。

ここで、「共有」や「コメント」をしたいか聞いてくる。

OKならば、「メール」を開く。

図1-2-4 共有やコメントをしたいか確認される

[7] メールソフトを開き、送られてきたメールをクリックする。

図1-2-5 送られてきたメールをクリック

[8]メールアドレスの確認のため、URLをクリック。

図1-2-6 URLをクリック

[9]画面下の「OK let's go!」をクリック。

図1-2-7 ボタンをクリック

[10]画面左上のメニューバーの「作る」をクリック。

図1-2-8 「作る」をクリック

[11]アカウント登録後のオンライン版スクラッチの初期画面が表示される。

＊

「アカウント未登録時」の画面との大きな違いは、スクラッチの「初期画面メニュー」に、「仮のタイトル名」や「共有する」などが表示され、下部に5番目の画面「バックパック」が新たに追加されることである（図1-2-9）。

> ※「バックパック」はエディター内でスプライトやコードなどをドラッグ＆ドロップで簡単に保存でき、かつ他のプロジェクト（作品）でも流用することができる。

図1-2-9 「オンライン版スクラッチ」の「初期画面」

1-3 「アカウント登録画面」を起動する

登録後、最初に「アカウント登録画面」を起動する場合は、以下の手順を実行する。

手順 「アカウント登録画面」の起動

[1] まず、画面右上の「サインイン」をクリックする。

図1-3-1 「サインイン」をクリック

[2] 次に、登録した「ユーザー名」と「パスワード」を入力後、「サインイン」をクリックする。

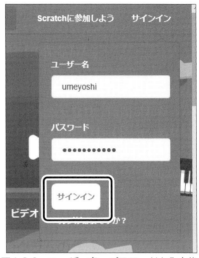

図1-3-2 ユーザー名、パスワードを入力後、「サインイン」をクリック

[3] 最後に、画面左上の「作る」をクリックすると、スクラッチの初期画面が表示される。

図1-3-3 「作る」をクリック

11

第2章

データ処理の仕方

情報社会においては、大量のデータをどのように効率的に処理するかが大きな課題となっている。

「スクラッチ」における「データ処理」の仕方を見てみよう。

2-1 「スクラッチ」の「データ処理」の方法

「スクラッチ」でデータを処理する場合、「変数」と「リスト」の２つの方法がある。まず、この２つの定義を見てみよう。

■「変数」と「リスト」の定義

「変数」は「データを入れる箱」で、「リスト」は「データが入った箱の集まり」と定義する。

```
             変数……データを入れる箱
データ処理
             リスト…データ入りの箱の集まり
```

図2-1-1 「変数」と「リスト」の定義

＊

この両者の違いを明確にするため、５つの「変数」を図で表わしてみよう（**図2-1-2**）。

図2-1-2から明らかなように、「リスト」では箱に入れる数値は番号で表示する。

＊

「リスト」は、「Java」や「C」などのプログラムで使われる「**配列**」に相当する。

それも「**一次元配列**」に相当する。

異なるのは、プログラムの「配列」が「0番」から始まるのに対して、「リスト」では「1番」から始まる点である。

どちらも「変数」を表示しているが、「リスト」を使うことで、「変数」をいくつも作る必要なくデータを管理できる。

2-2 データ処理（変数）

データを処理する場合は、「実数」ではなく、「変数」を使うのが一般的である。

＊

まず、「変数」の役割をしっかり見ていこう。

■「変数」の役割

算数の「足し算」の計算を「実数値」で行なうと、次のようになる。

5 ＋ 4 ＝

＊

新たな計算式を追加する場合を見てみよう。

7 ＋ 6 ＝
3 ＋ 8 ＝
9 ＋ 2 ＝

３つの追加式を計算する場合、いちいち足す数値を打ち込むことになる。

このような計算式に数値を直接入力することは、面倒な上に非効率で、ミスもしやすくなる。

このような場合、「実数値」でなく「変数」を用いて計算すると、便利である。

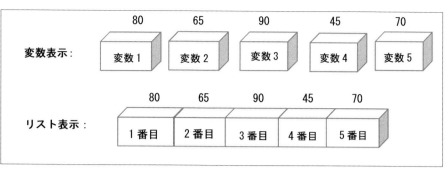

図2-1-2 「変数」と「リスト」の違い

「変数」をA,B,Cの3つ作り、AとBに「実数値」5,4を代入し、Cには「A+B」の「足し算の計算結果」を入れる。

```
A  =  5
B  =  4
C  =  A  +  B
```

これなら、数値を変えたい場合でも、Cの計算式にある数値を直接変えずに、「変数」の数値のみを変えるだけで済む。

*

「A」と「B」の数値を変えるだけで、「足し算」の計算結果「C」が変わるため、変数とは**数値を入れる箱**と定義できる。

この「箱」には、さまざまな「数値」を入れて計算することになる。

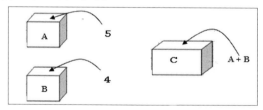

図2-2-1 「変数」にはさまざまな数値が入る

*

さらに、次の「四則演算」の計算を、変数を使って作ろう。

```
A  =  5
B  =  4
C  =  A  +  B
C  =  A  -  B
C  =  A  ×  B
C  =  A  ÷  B
```

計算式の変数A,Bの値を変えるだけで、さまざまな数値に対応した「四則演算」の答えが出るので、「変数」の役割がよく理解できる。

■「変数」の作成

「変数」を使う利点が理解できたので、「スクラッチ」ではこの「変数」をどのように作り、使うのか、その手順を見ておこう。

手 順 「変数」の作り方と使い方

[1]「ブロック・パレット」の「コード・グループ」から「変数」を選択後、「変数を作る」をクリック。

図2-2-2 「変数を作る」をクリック

[2]「新しい変数名」を入力後、「OK」をクリックして、画面の「新しい変数名」として、「A」を指定。

図2-2-3 変数名を「A」にする

13

さらに、変数の使い方として「すべてのスプライト用」が選択されているので、そのままにし、「OK」をクリック。

※この選択についての説明は**9章**を参照。

すると、「ブロック・パレット」の「変数」の箇所に、変数「A」が作成される。

[3] 同じ操作で変数 B,C を作ると、画面は**図2-2-4**のようになる。

このように、データを入れる箱が作成される。
同時に「ステージ画面」にも「変数」の箱が作成され、中身の数値が「0」となっている。

もし「変数A」の前のチェックを外すと、「ステージ画面」の「A」の箱は表示されなくなる。
＊
この変数を使い、四則演算プログラムを作成しよう。

手 順 「四則演算プログラム」を作る

[1] 最初に、「コード・グループ」の「イベント」を選択後、**「緑の旗が押されたとき」ブロック**を「コード・エリア」にドラッグする。

このブロックは、イベントを実行する際には必ず作る。

図2-2-5 「緑の旗が押されたとき」ブロックをドラッグ

[2]「変数A」の定義をするため、「変数」選択後、このブロックの下に**「Aを(0)にする」ブロック**をドラッグする。

[3]「A」の数値「0」を「5」に変える。

図2-2-6 数値「0」を「5」に変更

[4] 同じように「変数B」の定義をするため、**「Aを(0)にする」ブロック**を「コード・エリア」にドラッグし、「A」を「B」に、数値「0」を「4」に変える。

図2-2-7 「A」を「B」に、数値「0」を「4」に変更

[5] さらに、四則演算の計算結果を「変数C」に入れるため、**「Aを(0)にする」ブロック**を「コード・エリア」にドラッグ。

「A」を「C」に変え、数値「0」に**「足し算」ブロック**を挿入する。

※ただし、挿入前に、「足し算」ブロックには「変数A」と「B」を挿入しておく。

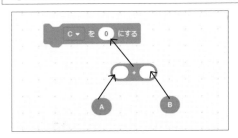
図2-2-8 変数を入れた「足し算」ブロックを挿入

図2-2-4 「ステージ画面」に「変数」の箱ができている

※他の「四則演算プログラム」を作るには、**「足し算」ブロック**を複製した後、**「足し算」ブロック**の箇所のみを「引き算」「掛け算」「割り算」ブロックに変更すれば、簡単に作ることができる。

[6] ネコに計算結果を言わせる**「(こんにちは!)と言う」ブロック**を「コード・エリア」にドラッグする。

「こんにちは!」の箇所に「変数C」を挿入。

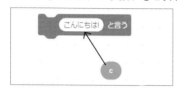

図2-2-9　「変数C」を入れる

[7] 作ったブロックを、すべて**「緑の旗が押されたとき」ブロック**に結合させる（図2-2-10）。

＊

作ったプログラムを実行しよう。

プログラムを実行するには、ステージの上部にある「緑の旗」アイコンをクリックする。

また、プログラム内の**「緑の旗が押されたとき」ブロック**を直接クリックしても実行できる。

■「変数」の限界

前述のプログラムでは、「四則演算の答え」を1つの「変数C」の箱に順次入れるので、「変数C」は最後の「割り算」の計算結果の「1.25」しか表示されない。

これを改善するため、答えを入れる「変数」として「足し算」「引き算」「掛け算」「割り算」の変数「C1」「C2」「C3」「C4」の4つを作る。

この4つの「変数」に計算結果のすべてが表示される。

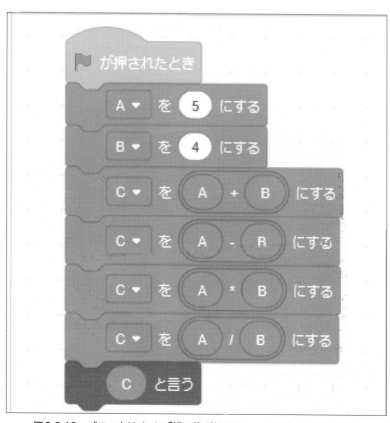

図2-2-10　ブロックはすべて「緑の旗が押されたとき」ブロックにつなぐ

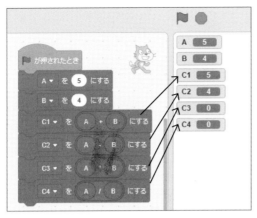

図2-2-11　変数C1〜C4に計算結果が表示される

＊

しかし、この改善策では、計算式が多くなればなるほど「答え」の変数を大量に作らなければならず、面倒で非効率である。

このデータ保存を効率的にしたのが、**「リスト」**だ。

次は、「リスト」を見てみよう。

2-3　データ処理（リスト）

「変数」は1つのデータの処理には向いているが、多くのデータを扱うには向いていない。

一度に多くのデータを処理するには、どのような処理をしたらいいのだろうか。

＊

データ処理でよく使われるのが、**「配列」**だ。

「配列」とは、情報を記憶しておくための箱である。

「スクラッチ」では、**「リスト」**がこの「配列」に相当する。

■「リスト」とは

「リスト」とは、「データを入れた箱」の集まりである。

すなわち「箱の塊」と定義できる。

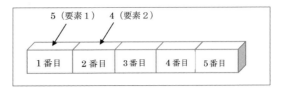

図2-3-1　「リスト」は「データを入れた箱」の集まり

この「箱」に入る「データ」を「要素」と言い、「要素1、要素2……」と呼ぶ。

＊

では、どのように「リスト」を作るのであろうか。

その手順を見ていこう。

■「リスト作成」の仕方

「リスト」の作成方法を見ていく。

＊

なお、今後、新しいプログラムを作る際には、必ず「コード画面」を「新規」にする。

よって、プログラムの作成時にはメニューのファイルから「新規」をクリックしておく。

＊

手　順　「リスト」の作成

[1] まず、「コード・グループ」の「変数」を選択後、「ブロック・パレット」の「変数」にある「リストを作る」をクリックする。

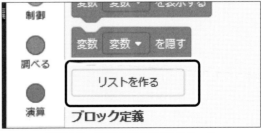

図2-3-2　「リストを作る」をクリック

[2] そして、画面の新しいリスト名として「四則演算」を入力後、「OK」をクリック。

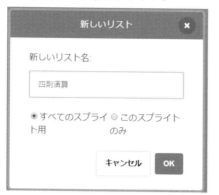

図2-3-3 リスト名を「四則演算」にする

[3] すると、「ブロック・パレット」に**「四則演算」ブロック**が表示され、それと連動して「ステージ画面」には「四則演算」のリストが表示される(**図2-3-4**)。

⁎

ステージ画面に表示された「四則演算リスト」は、当初「空」である。

この「リスト」をサポートするため、新たに作られた11個のブロックが「ブロック・パレット」に表示されている。

このブロックを使って、「リスト」のデータをプログラムで操作する。

■「リスト」の操作

「リスト」にデータを入力するため、リスト画面の左下にあるプラス記号「＋」をクリックする(あるいは、「エンターキー」を押してもよい)。

画面に番号の「1」が表示され、同時にデータを入れる箇所が「赤い四角」で表示される。

横にある「×」記号をクリックすると「番号1」の赤四角は削除される。

再度、画面の左下にある「＋」記号をクリックすると、「番号2」のデータの入力欄が表示される。

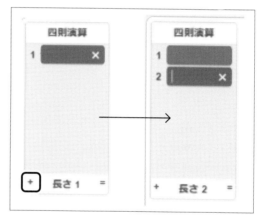

図2-3-5 「＋」記号を押すと「入力欄」が増える

さらに続けてクリックすると、7回目以降が画面からハミ出すが、画面横の「スクロールバー」

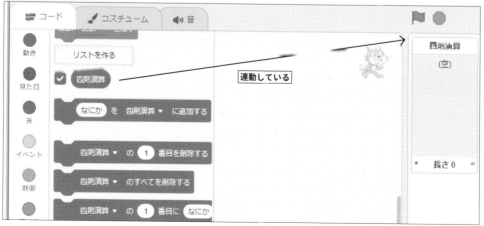

図2-3-4 ブロックはすべて「緑の旗が押されたとき」ブロックにつなぐ

を動かせば、見ることができる。

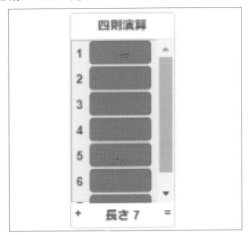

図2-3-6　ハミ出た入力欄はスクロールすれば確認できる

　動かさずに見るには、画面右下の「＝」記号にマウスを合わせ、出てくる矢印を右下斜めにドラッグして「リスト」を拡張する。

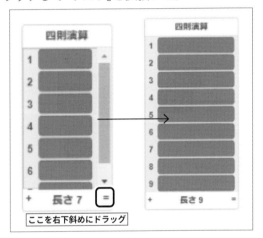

図2-3-7　矢印を右下斜めにドラッグ

※箱に入る文字数は、10240文字までである。

2-4　「リスト」にデータを入れよう（手操作で入力）

　「リスト」が作成できたので、実際にデータを入れてみよう。

　入れ方には3つの方法がある。

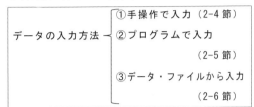

データの入力方法	①手操作で入力（2-4節）
	②プログラムで入力
	（2-5節）
	③データ・ファイルから入力
	（2-6節）

図2-4-1　データの入力方法

　本節では、「データを手操作で入力する方法」を見ていく。

＊

　最も簡単にデータを入力する方法は、「リスト」にデータを直接入力する方法である。

　「リスト」のデータ入力欄にカーソルを合わせて、「数値」や「文字列」などを直接打ち込むと、リストの中の「ボックス」に値が入る。

　1番目のデータ入力箇所をクリックし、数値の「5」を入力して（**図2-4-2左**）、エンターを押すと、2番目の入力箇所に移る（**図2-4-2右**）。

　順次、データを入力する。

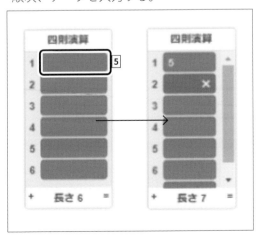

図2-4-2　「数値」を手操作で入力

※

当然、「文字列」も表示できる。

新たに「リスト」を作り、「リスト名」を「50音図」とする。

1番目の入力箇所に文字列の「あいうえお」を入れてみよう。

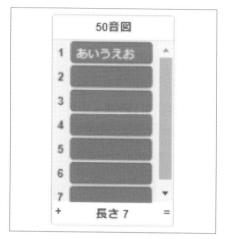

図2-4-3 「文字列」を手操作で入力

リストでは、「あいうえお」の一部が隠れてしまうので、**2-3節**で学んだやり方で「リスト」を拡張する。

2-5 リストにデータを入れよう（プログラムで入力）

次に、本格的な、「データをプログラムで入力する方法」を見ていく。

しかし、その前に、リストには**2-2節**で使っていたデータが残っているので、これを削除しよう。
「ブロック・パレット」に**「四則演算のすべてを削除する」ブロック**をドラッグして、直接クリックする（詳しくは**2-7節**で説明）。

※

プログラムでデータ入力する場合、2つの方法がある。
順次見ていこう。

■（1）プログラムから「リスト」へ直接入力

一つ目の方法は、"プログラムから「リスト」へ直接入力する方法"である。

手 順 プログラムから直接入力する

[1]「ブロック・パレット」から**「（なにか）を四則演算に追加する」**ブロックを「コード・エリア」にドラッグする。

図2-5-1 プログラムから直接入力する

[2] ブロックの中の「なにか」に、数値データの「5」を入力する。

[3] 入力後、ブロックをクリックすると、「ステージ画面」の「四則演算リスト」の「番号1」に「5」が入力される。

図2-5-2 「リスト」に「5」が入力される

[4] ブロックの「数値」を「4」に変えてクリックすると、「番号2」の入力箇所に数値データの「4」が入力される。

※

同様に、「3」、「6」、「7」と追加すると、**次図**のようになる。

図2-5-3 「4」「3」「6」「7」を追加

とはいえ、「リスト」にデータを入れるのに、ブロックの中に直接数値を入力するのは面倒である。

一般的には、データ入力は**データの入力画面を作って**行なう。

■(2)データの入力画面を作り、「リスト」に入力

"「入力画面」を作って「データ」を入力する方法"を見てみよう。

手 順 「入力画面」を作り「データ」を入力

[1] データの入力画面からデータを入力するプログラムとして、「コード・グループ」の「調べる」を選択後、「(What's your name?)と聞いて待つ」ブロックを「コード・エリア」にドラッグする。

[2] ブロックの英文字を「データ入力」に変える。

図2-5-4 「データ入力」に変更

[3] ドラッグ後、このブロックをクリックすると、「ステージ画面」の下にデータを入力するための細長い「入力待ちボックス」が表示される。

[4] ここにデータを入力後、エンターを押すと、データは自動的に「ブロック・パレット」にある「答え」ブロックに格納される(**図2-5-5**)。

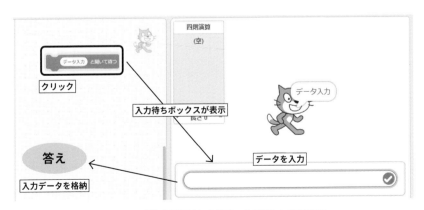

図2-5-5 「入力画面」から「データ」を入力する流れ

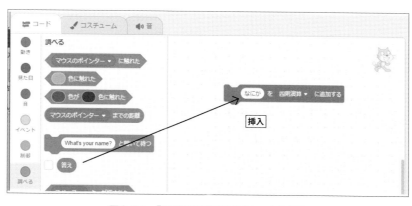

図2-5-6　「なにか」に「答え」ブロックを挿入

この操作は「リスト」にデータを入れるための重要な操作なので、今後よく使う。

＊

次に、データを「リスト」に入力する手順を見ておこう。

手　順　「リスト」にデータを入力する手順

[1] データ入力待ち画面（ボックス）に、データをキーボードから入力し（たとえば、「5」を入力）、入力後にエンターキーを押す。

[2] このデータは「ブロック・パレット」の「調べる」にある、**「答え」ブロック**の中に保存される。

[3] 保存した「答え」を「リスト」に表示するため、「変数」選択後、「リストを作る」にある**「（なにか）を四則演算に追加する」ブロック**を「コード・エリア」にドラッグする。

[4] ドラッグ後、「なにか」の箇所に、「調べる」にある**「答え」ブロック**を挿入する（**図2-5-6**）。

＊

以上の手順で作ったプログラムが、**図2-5-7**である。

図2-5-7　「リスト」にデータを入力するプログラム

実行すると、入力を催促する入力画面が出るので「5」を入力する。

すると、リストの一番目に「5」が格納される。

その後も、同様の流れで「リスト」に順次データが格納される。

＊

しかし、データの入力数が多くなると、実行を手操作でするのは面倒だ。

そこで、自動的に行なうために、「繰り返し」ブロックである「制御」から、**「(10)回繰り返す」ブロック**を「コード・エリア」にドラッグする。

繰り返す数値「10」は「5」に変える。

修正すると、**図2-5-8**のプログラムになる。

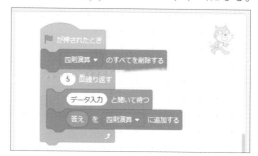

図2-5-8　修正したプログラム

＊

実行すると、5回数値の入力が順次催促され、数値を入力する都度、「リスト」にデータが保存される。

＊

　プログラムによって簡単にデータがリストに格納できる。

　もちろん、「文字列データ」の「あいうえお」「かきくけこ」……も、同じ操作で入力できる。

2-6 「リスト」にデータを入れよう
（データ・ファイルから入力）

　残る3番目のデータ入力の仕方を見ておこう。

　それは、"「メモ帳」などで作った「データ・ファイル」を、「リスト画面」の読み込み機能を使って「リスト」に入力する方法"である。

手順　データ・ファイルから入力する

[1]「メモ帳」を開き、数値データを次のように作る。

図2-6-1　数値データを作成

[2]数値を入力後、ファイルの種類として「テキスト文書」を選び、ファイル名を「keisan01.txt」にして、デスクトップのフォルダに保存する。

[3]「メモ帳」で作ったファイルを読み込むため、「ステージ画面」にある「四則演算リスト」の画面を右クリックし、出てきた画面の「読み込み」をクリックする。

図2-6-2　「読み込み」をクリック

[4]ファイルが保存されているフォルダを開き、ファイル「keisan01」をクリックして、「開く」を押す。

図2-6-3　「keisan01」を選んで「開く」をクリック

[5]画面に、「メモ帳」で作られたデータが読み込まれ、「リスト」に表示される。

図2-6-4　「メモ帳」のデータがリストに表示される

2-7 データ処理のための さまざまな処理技術

　データ処理を効率的に行なう場合、「データの削除」「データの挿入」など、さまざまな処理技術の知識が必要になる。

■データの削除

　「リスト」に入力したデータをプログラムで削除する方法は2つある。

　(A)「一部を削除する方法」と、**(B)**「全部を削除する方法」である。

手順 (A)一部を削除

[1]「ブロック・パレット」の「四則演算の(1)番目を削除する」ブロックを「コード・エリア」にドラッグする。

[2]ドラッグ後、削除したい「数値」を指定する。
ここでは「3番目」を指定する。

図2-7-1 削除したい「数値」を指定

[3]指定後、クリックすると、「リスト」の3番目の数値「5」が削除される。

手順 (B)全部の削除

[1]四則演算リストのすべてを削除する場合、「四則演算のすべてを削除する」ブロックを「コード・エリア」にドラッグする。

図2-7-2 「四則演算のすべてを削除する」ブロックをドラッグ

[2]ドラッグ後、ブロックをクリックすると、「四則演算リスト」のすべての数値が削除される。

＊

「全部の削除」は、プログラムの初期化をする場合によく使う。

■データの途中挿入

データを途中挿入したい場合はよくある。

手順 データの途中挿入

[1]「四則演算の(1)番目に(1)を挿入する」ブロックを「コード・エリア」にドラッグする。

[2]ドラッグ後、挿入したい番地とデータを入力する。
ここでは、「3番目」に、データ「9」を入力する。

[3]ブロックをクリックするとデータ「9」が挿入される。

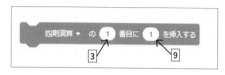

図2-7-3 データ「9」が途中挿入された

■データの置き換え

データの「途中挿入」ではなく、「挿入済みの変数のデータを置き換えたい」場合もよくある。

手順 データの置き換え

[1]「四則演算の(1)番目を(1)で置き換える」ブロックを「コード・エリア」にドラッグする。

[2]ドラッグ後、「置き換えたい番地」と「データ」を入力する。
ここでは、リストの「4番目」をデータ「8」と置き換える。

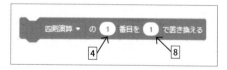

図2-7-4 リストの「4番目」をデータ「8」と置き換える

[3]ブロックをクリックすると、「4番目」の値が「8」に置き換わっている。

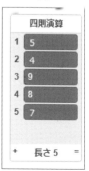

図2-7-5 「4番目」の値が置き換わる

2-8 「リスト」による計算プログラムの作成例

　実際に「リスト」の使い方を見るため、「リスト」に格納されたデータで、簡単な「足し算」をするプログラムを作っていく。

　その手順を見てみよう。

手　順　プログラム作成の手順

[1]「ブロック・パレット」から「(こんにちは!)と言う」ブロックを「コード・エリア」にドラッグする。

[2] ドラッグ後、「演算」を選択し、**「足し算」ブロック**を「コード・エリア」にドラッグする。

[3] 続いて、リストの**「四則演算の(1)番目」ブロック**と**「四則演算の(2)番目」ブロック**を「コード・エリア」にドラッグする。

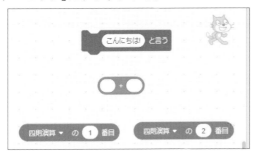

図2-8-1　[1]～[3]の各ブロックを「コード・エリア」にドラッグ

[4]「足し算」ブロックの左の白丸に**「四則演算の(1)番目」ブロック**を挿入し、右の白丸に**「四則演算の(2)番目」ブロック**を挿入する。

[5] 2つのブロックを挿入した**「足し算」ブロック**を、「(こんにちは!)と言う」ブロックに挿入し、このブロックを**「緑の旗が押されたとき」ブロック**に結合する(**図2-8-2**)。

＊

　実行すると、「ステージ画面」のネコの口から計算結果の「15」が表示される。

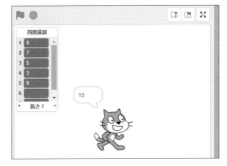

図2-8-3　「計算結果」が表示される

　さらに、「引き算」「掛け算」「割り算」を各自計算してみよう。

　その際、必ずリストの初期化ブロックである**「四則演算のすべてを削除する」ブロック**をプログラムの**「緑の旗が押されたとき」ブロック**の下に挿入する。

　文字列データ(50音順)も「メモ帳」で作り、同じように「読み込み」でリストに表示してみよう。

　ただし、日本語の場合、文字化けする場合があるので、その際は「メモ帳」の「文字コード」を「UTF-8」に変更して保存する。

＊

　このように、多数のデータ処理には「リスト」が必要不可欠となっている。

図2-8-2　完成したプログラム

第3章

「音声処理」の仕方

教材などの「コンテンツ作成」において、「音声の処理」が大きな影響を与えることはよく知られている。

教材（音楽や英語などの教材）によっては、「音声」が大きな比重を占める場合もある。

「スクラッチ」は、音声処理にさまざまな工夫がなされており、簡単に音声の処理を設定できるのが大きな利点の一つである。

本章では、この「音」の設定の仕方を学ぶ。

3-1 音声の確認とプログラムの作成

「音声」の確認を行なうため、スプライトの3要素の1つである「音」をクリックする。

図3-1-1 「音」をクリック

デフォルトで「ネコ」の「スプライトの鳴き声」が録音されており、画面の「再生」ボタンをクリックすると、「ネコの鳴き声」が聞こえる。

図3-1-2 再生すると「ネコの鳴き声」が聞こえる

画面下には「鳴き声」を調整する「速く」「遅く」などのさまざまな項目がある。

＊

音声の確認ができたので、プログラムを作り、音を出してみよう。

そのため、コード画面に戻り、「コード・グループ」から「音」の「ブロック・パレット」を表示する。

図3-1-3 「音」の「ブロック・パレット」

「ブロック・パレット」の**「(ニャー)の音を鳴らす」ブロック**を「コード・エリア」にドラッグし、プログラムを作る。

＊

実行するため、「緑の旗が押されたとき」をクリックすると、「ネコの鳴き声」がする。

図3-1-4 「ネコの鳴き声」を出すプログラム

このように、「音」と「コード」が連動していることに注意しよう。

3-2 作成済みの音を選ぶ

次に、ネコ以外のデフォルトで作成済みの音を確認してみよう。

手 順 「ネコ以外の音」を使う

[1] 画面の「音の追加機能」にマウスを置き、表示される機能の中から、まず「音を選ぶ」をクリックする。

図3-2-1 「音を選ぶ」をクリック

すると、画面にデフォルトで作成済みの「音」の一覧が表示される。

[2] もし「ネコの鳴き声」を「イヌの鳴き声」に変更する場合、メニュー項目の「動物」を選択後、「Dog1」をクリックする。

図3-2-2 「Dog1」をクリック

[3] 「イヌの鳴き声」の波形図が表示される。

画面の「再生ボタン」を押すと、「イヌの鳴き声」が画面に流れる。

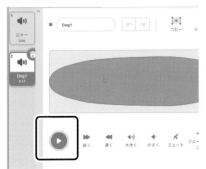

図3-2-3 「再生ボタン」を押す

[4] コード画面に戻り、音の「ブロック・パレット」を見ると、**「(ニャー)の音を鳴らす」ブロック**が表示されるので、このブロックの「プルダウン・メニュー」をクリックする。

[5] 画面から「Dog1」をクリックする。

図3-2-4 「Dog1」をクリック

[6] このブロックを「コード・エリア」にドラッグし、実行すると、「イヌの鳴き声」が流れる。

図3-2-5 「イヌの鳴き声」を流すプログラム

　もし、デフォルトで適当な「音」がない場合は、「音」を自作するか、ネット上から適当な音を読み込むこともできる。

3-3 「音」の追加機能を使い録音

　次に、「スクラッチ」で音声を録音してみよう。

手順 音声を録音する

[1]「音」をクリック後、「音の追加機能」から「録音する」をクリックする。

　ただし、パソコンに録音機能がない場合は、録音できないので注意する。

図3-3-1 「録音する」をクリック

[2] 続いて表示される画面の「録音する」をクリックする。

　録音が開始されるので、パソコン画面に向かい、音を吹き込む。

　今回は「あいうえお」と吹き込む。

図3-3-2 画面中央の「オレンジ色の丸」をクリック

[3] 音を吹き込んだ後、「録音をやめる」をクリックする。

[4] 画面の「再生」をクリックし、録音した音を確認する。

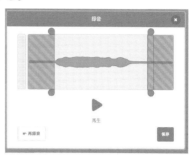

図3-3-3 録音音声を確認

　問題なく録音の確認ができれば、「保存」をクリックして、「音」の設定画面に戻る。
　音の録音が完了する。

＊

　録音した音（**recording1**）は、画面左側のサムネイル画面※に保存されている。
　当初はファイル名が「recording1」となっているが、名前は変更できる。

> ※サムネイル【thumbnail】とは、画像などを一覧表示する際に使われる、アイコン大に縮小された画像

■録音した音声を流す

　録音した音声を流してみよう。

＊

　コード画面に戻り、**「(ニャー)の音を鳴らす」ブロック**の「プルダウン・メニュー」をクリック後、画面から「recording1」をクリックする。

図3-3-4 「recording1」をクリック

この「**recording1**」ブロックを「コード・エリア」にドラッグし、プログラムを作る。

図3-3-5 「recording1」を再生するプログラム

実行すると、「あいうえお」の声が流れる。

＊

このように、「スクラッチ」では音声作成の知識がなくとも簡単に「音声プログラム」が作成できる。

■「wav形式」の確認

ここで、「スクラッチの録音」で作った「音声ファイル」の音の「形式」を見ておこう。

後述するように、「音声形式」によっては読み込めない場合があるからである。

＊

サムネイル画面の「recording1」を右クリック後、「書き出し」をクリックする。

図3-3-6 「書き出し」をクリック

音声ファイルの保存画面を見ると、「recoding1」のファイル形式（拡張子）が「wav」であることが分かる。

図3-3-6 保存画面で「拡張子」が確認できる

3-4 「ボイスレコーダー」で録音

スクラッチの「音」機能を使わなくても、**Windows10**には音声を録音する「ボイスレコーダー機能」が付いている。

（Windows10では、以前の「サウンドレコーダ」は廃止）。

操作手順を見てみよう。

手 順 「ボイスレコーダー機能」の操作

[1] スタートボタンをクリックし、「ボイスレコーダー」をクリック。

図3-4-1 「ボイスレコーダー」をクリック

[2] 初期画面の「録音開始」ボタンをクリックする。

図3-4-2 「録音開始」ボタンをクリック

[3] 録音開始画面が表示されるので「今日は、スクラッチの…」と録音する。

「記録時間」は「秒」で表示される。

図3-4-3 録音中の画面

[4] 録音が終了すると、「タイトル」（今回は「レコーディング(2)」)と、日付が表示される。

　音を再生したい場合は、画面右中央の「再生」ボタンをクリックする。

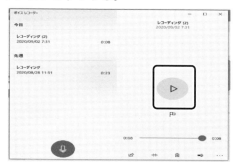

図3-4-4　画面右中央が「再生」ボタン

[5] どこに保存されたかを見るには、画面右下の「…」アイコンを押して、「ファイルの場所を開く」をクリックする。

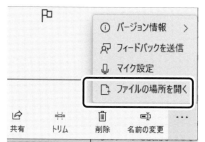

図3-4-5　「ファイルの場所を開く」をクリック

[6] 保存画面が表示される。

図3-4-7　保存画面

3-5　音声形式の種類と特徴

　保存された録音音声のファイルは、拡張子が「**m4a形式**」になっており、スクラッチで使われる「**wav形式**」と異なっている。

　そのため、スクラッチで使うには「音声変換」が必要になる。

■音声形式の種類

　スクラッチで音声ファイルを読み込むには、「mp3形式」か、あるいは前述した「wav形式」でなければならない。

図3-5-1　スクラッチで使える音声ファイル形式

　したがって、「ボイスレコーダー」で録音した音声は、この2つの形式のどちらかに「変換」しなければならない。

■音声形式の違い

　ここで、両者の違いを簡単に見ておこう。

①「mp3形式」の特徴

　「mp3形式」ファイルは、「wav」では重すぎる音源ファイルを軽くするために、「wavファイル」中の人間には聴こえないとされる音のみを取り除き、ファイルを大幅に軽くしたものである。

　容量を大幅に圧縮できる利点があるが、圧縮したデータを展開したときに完全に元に戻らず、データの損失（劣化）が起こる欠点もある（**非可逆圧縮方法**）。

②「wav形式」の特徴

　「wav形式」ファイルの音源は、圧縮されていない、録音した状態と同じ音質を保った形式である。

これは、Windowsで標準となっている音声データ形式でもある。

音質はいいが、ファイルがとても重いというデメリットもある。

対策として、次節の変換ソフトを使って「wav形式」を「mp3形式」に圧縮変換する方法がよく行なわれる。

3-6 音声形式の変換（「mp3形式」に変換）

音声形式を変換するためには、「変換ソフト」が必要になる。

今節では、ボイスレコーダーで録音した音声を「mp3形式」へ変換してみよう。

■「変換ソフト」の読み込み

「変換ソフト」は多数あるが、本書では「**Switch**」を使う。

手 順 音声形式の変換

[1] ブラウザの検索画面に「**Scratch 音声ファイル変換ソフト**」と打ち込み、「検索」をクリック後、画面から「音声ファイル変換フリーソフト　今すぐ無料でダウンロード」のサイトをクリックする。

図3-6-1　ダウンロードサイトをクリック

[2] 「Scratch」のホームページ画面から「無料ダウンロード」をクリックすると、ダウンロードが始まる（ダウンロードは各自行なう）。

図3-6-2　「Switch」のダウンロードページ

[3] ダウンロード後、変換処理画面でファイルを開いて、ファイルの保存フォルダを開き、「レコーディング（2）」を選択。

ファイルの出力形式を「mp3」に指定した後、「変換」をクリックする。

図3-6-3　形式を選択して「変換」

[4] 変換後、ファイルは次のように「mp3形式」で保存される。

図3-6-4　変換完了

■「音声ファイル」を読み込む

「音声ファイル」を「スクラッチ」に読み込もう。

＊

「音」の追加機能から「音をアップロードする」をクリック後、フォルダを開き、音声ファイルの「レコーディング（2）.mp3」をクリック。

図3-6-5　音声ファイルをアップロード

音声ファイルの「レコーディング（2）.mp3」が読み込まれる。

3-7	**音声形式の変換**（wav形式に変換）

次に、「wav形式」の音声ファイルに変換して、スクラッチに読み込んでみよう。

手　順　音声形式を変換して読み込む

[1]「mp3」のときと同じ「変換ソフト」を呼び出す。

[2]出力形式として「wav」を選択して、「変換」をクリック。

図3-7-1　形式を選択して「変換」

[3]スクラッチを開き、「音」の追加機能からアップロードし、保存したファイルをクリック。

図3-7-2　音声をアップロードして（上）、保存したファイルを選択（下）

[4]変換したファイルが保存される。

31

第4章

メッセージ処理の仕方

「スクラッチ」には、複数の「スプライト」や「ステージ」などにメッセージを送る機能がある。

このメッセージをうまく使えるようになると、別の複数の「スプライト」（オブジェクト）とやり取りできるようになる。

＊

本章では、この「メッセージ機能」について見ていこう。

4-1 2つの「スプライト」同士の「メッセージのやり取り」

「スプライト」同士を連携させるため、2つの「スプライト」を準備しよう。

■2つの「スプライト」の作成

2つの「スプライト」のうち、1つはデフォルトの「ネコのスプライト」を使い、もう1つのスプライトとして新たに「アヒル」（Duck）を作ろう。

手　順 アヒルの「スプライト」を作る

[1] スプライトの「追加機能」にマウスを置き、「スプライトを選ぶ」をクリック。

図4-1-1　「スプライトを選ぶ」をクリック

[2] 作成済みのスプライト一覧から「Duck」を選択。

図4-1-2　「Duck」を選ぶ

[3] スプライトリストに、「アヒルのスプライト」が新たに表示される。

図4-1-3　アヒルが追加される

[4] 「ステージ画面」には、ネコとアヒルの2つのスプライトが表示される。

アヒルは、「マウス」で適当な位置に動かす。

図4-1-4 「ステージ画面」にネコとアヒルが表示される

■スプライト同士のやり取り

2つの「スプライト」は、なんら連携なく別々のプログラムで動いている。

各スプライトのプログラムを作る「コード・エリア」が異なるからである。

両者の「スプライト」を連携させて、簡単な「挨拶のやり取り」をさせてみよう。

最初、ネコがアヒルに向かって、次のように挨拶を送信する。

> ネコのメッセージ送信：
> こんにちは、お元気ですか？

この「挨拶のメッセージ」を受信したとき、アヒルは次のように返答する。

> メッセージへのアヒルの返答：
> こんにちは、少し風邪気味です。

このようなやり取りには、スクラッチの「メッセージ機能」を使う。

＊

順次見ていこう。

■ネコの「メッセージ送信プログラム」の作成

最初に、「ネコからのメッセージ」を、アヒルに送る「送信プログラム」を作ろう。

手 順　ネコの「メッセージ送信プログラム」

[1]「スプライト・リスト」のネコをクリックし、「コード・グループ」の「イベント」から、「緑の旗が押されたとき」ブロックを「コード・エリア」にドラッグ。

[2]「コード・グループ」の「イベント」から「（メッセージ1）を送る」ブロックを「コード・エリア」にドラッグ。

このブロックを、「緑の旗が押されたとき」ブロックに結合。

図4-1-5 「（メッセージ1）を送る」ブロックを結合

[3] アヒルに送るメッセージを作る。

「（こんにちは！）と言う」ブロックを「コード・エリア」に貼り付け、内容を「こんにちは、お元気ですか？」に変える。

図4-1-6 アヒルに送るメッセージの作成

＊

プログラムを実行しよう。

図4-1-7 「ネコのメッセージ」が表示される

「ステージ画面」の「ネコの口」からアヒルに送るメッセージが表示される。

■アヒルの返答プログラムの作成

　ネコから送られてきたメッセージを、アヒルが受信した際のプログラムを作ろう。

手　順　**アヒルの返答プログラム**

[1] まず、「スプライト・リスト」の「Duck」をクリックする。

[2]「コード・グループ」の「イベント」から、「**(メッセージ1)を受け取ったとき**」ブロックを「コード・エリア」にドラッグする。

図4-1-8　「(メッセージ1)を受け取ったとき」ブロックをドラッグ

[3] メッセージに返答させるために、「**(こんにちは!)と言う**」ブロックを「コード・エリア」にドラッグ。

　ブロックの「**こんにちは！**」を「**こんにちは、少し風邪気味です**」に変更し、結合する。

図4-1-9　返答用メッセージを作る

＊

　「アヒルの返答プログラム」が完成したので、実行するために「ネコのコード」に戻り、「緑の旗のアイコン」をクリックする。

　あるいは、「ネコのコード」の「**緑の旗を押されたとき**」ブロックをクリックする。

＊

　すると、「ステージ画面」の「アヒルの口」から、「返答メッセージ」が表示される。

図4-1-10　アヒルがネコに返答する

　このように、「メッセージ機能」を使うと、「異なるスプライト同士」でもやり取りできる。

■若干の修正

　プログラムを実行すると、やり取りが瞬時に行なわれる。

　「時間差を考慮した返事」を出すため、「アヒルのプログラム」に「時間」を入れよう。

＊

　そのため、「コード・グループ」の「制御」から「**(1)秒待つ**」ブロックを「コード・エリア」にドラッグし、プログラムに挿入する。

図4-1-11　「1秒待つ」ブロックを挿入

＊

　「時間」を入れた後、ネコの「スプライト・コード」に戻り、実行してみよう。

　その前に、**図4-1-10**の画面のメッセージが残っているので、ステージ画面上部の「中止」をクリックし、実行結果を消去する。

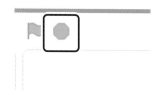

図4-1-12 実行結果を消去

実行すると、「アヒルの返事」が1秒遅れで表示される。

4-2 「スプライトの追加」と「受信プログラム」の作成

今まで、「2つのスプライト」のメッセージのやり取りを見てきた。

ここで、さらに1つ追加して、「3つのスプライト」のやり取りを見てみよう。

そのため、「カエル」の「スプライト」を1つ追加する。

＊

追加の仕方は、アヒルの追加の仕方と同じなので各自作成する。

ステージ画面には、「カエルのスプライト」が追加されている。

カエルはマウスで適当な位置に動かす。

図4-2-1 カエルを追加する

「ネコのメッセージ」はアヒルの他にカエルにも届くので、カエルが受信後の返答として、「こんにちは、元気です」とメッセージを返す。

> メッセージ受信時のカエルの返答：
> こんにちは、元気です。

このメッセージを組み込んだ、「カエルのプログラム」を作ろう。

「スプライト・リスト」のカエルをクリック後、「コード・エリア」にアヒルと同じプログラムを作る。

ただし、「待ち時間」や「メッセージ内容」は異なる。

図4-2-2 アヒルと同じプログラムを、カエルに作成

＊

画面のメッセージを消去後、「ネコのコード画面」に戻り、「緑のアイコン」をクリックし、実行する。

＊

まず、1秒後に「アヒルの口」から、さらに2秒後に「カエルの口」からメッセージが表示される。

図4-2-3 アヒルとカエルがネコに返答する

このようにメッセージを使うことで、「複数のスプライト間」で、同時に「やり取り」できる。

4-3　「特定のスプライト」のみとやり取り

基本的な「スプライトのやり取り」ができたので、いくつかの「拡張メッセージ操作」を見ておこう。

■メッセージに名前を

スプライト間でやり取りする「メッセージ」に名前を付けよう。

そのために、「ネコのプログラム」の「**(メッセージ1)を送る」ブロック**にある、「▼」アイコンをクリックして、「新しいメッセージ」を選ぶ。

図4-3-1　「新しいメッセージ」を選択

「新しいメッセージ名」として、「あいさつ」と入力する。

図4-3-2　「メッセージ名」を、「あいさつ」にする

入力後、「OK」をクリックすると、「メッセージ1」が「あいさつ」に変わっている。

図4-3-3　「メッセージ名」が「あいさつ」に変わる

当然、ネコから「メッセージ」を受け取るアヒルやカエルのプログラムにある「メッセージ1」も、「あいさつ」に変更する。

> ※メッセージを送る場合は、メッセージに「挨拶」や「仕事の話」などの名前を付けておこう。
>
> 「受け取る側」も、どのようなメッセージか分かるからである。

■アヒルのみとの「メッセージ」のやり取り

ネコはアヒルの風邪が心配になったので、次回の「メッセージ」からは、アヒルのみと次の会話をする。

> ネコがアヒルに送るメッセージ：
> カゼは大丈夫ですか。インフルエンザですか

この「メッセージ」をアヒルのみに渡したい場合は、ネコの「**(メッセージ1)を送る」ブロック**のメッセージ名を「アヒルとのメッセージ」に変更する。

プログラムは**図4-3-4**の**上**のようになる。
＊
次に、アヒルは「もう回復中です。ただのカゼでした」と返答する。

> アヒルの返答：
> もう回復中です。ただのカゼでした。

これを組み込んだ、アヒルのプログラムを作ろう。

イベントとして「**(アヒルとのメッセージ)を受け取ったとき」ブロック**を選択し、それを「コード・エリア」にドラッグする。

これによって、ネコから直接メッセージを受け取ることができる(**図4-3-4下**)。
＊
実行すると、「ステージ画面」には、ネコとアヒルのメッセージのみが表示される。

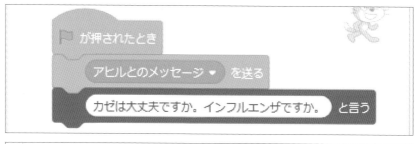

図4-3-4　アヒルのみとやり取りするプログラム(上)、ネコから直接メッセージを受け取るプログラム(下)

図4-3-5　ネコとアヒルだけのやり取り

このように、メッセージを使うと、特定のスプライトとのやり取りもできる。

4-4　「スプライト」の「背景画面」の変更処理

「メッセージ」で「複数のスプライト」の「遠隔操作」ができるが、さらに「背景画面の変更」にもメッセージは大きな威力を発揮する。

「ゲーム」などの「画面切り替え」などによく利用されている。

■「背景画面」の作成

「メッセージ」でやり取りする「背景画面」を、「スプライト」に応じて、まず3個作ろう。

①ネコの背景画面

最初に、「ネコの背景画面」を作るため、「ステージの追加機能」から「背景を選ぶ」をクリック。

画面から、「Blue Sky2」を選択する。

図4-4-1　「Blue Sky2」を選択

背景画面は薄い「blue」一色になる。

図4-4-2　背景が「Blue Sky2」に

②アヒルの背景画面

アヒルのスプライトをクリック後、①と同じ手続きで、メッセージを受け取った「アヒルの背景画面」を、「Forest」に変更。

図4-4-3　「Forest」を選択

画面は「Forest」に変わる。

図4-4-4　背景が「Forest」に

③カエルの背景画面

　カエルのスプライトをクリック後、カエルの背景画面を「Water And Rocks」に変えよう。

図4-4-5　「Water And Rocks」を選択

画面は「Water And Rocks」に変わる。

図4-4-6　背景が「Water And Rocks」に

■「背景画面」を変えるプログラム

　3個の「背景画面」が完成したので、ネコとアヒルとカエルの「背景画面」を変更する、「遠隔操作のプログラム」を作ろう。

手　順　「ネコの背景画面」を組み込む

[1]「ネコの背景画面」を組み込むプログラムを作るため、「コード・グループ」の「見た目」を選択後、**「背景を（背景1）にする」**ブロックを「コード・エリア」にドラッグ。

[2] 4-1節で作成済みのプログラムに挿入する。

[3]ブロックの「背景1」を「Blue Sky2」に変える。

　[1] ～ **[3]** を組み込んだプログラムが**図4-4-7**である。

図4-4-7　完成したプログラム

　アヒルとカエルのプログラムも同じようにして作る（各自作成）。

　「背景1」を、アヒルは「Forest」に、カエルは「Water And Rocks」に、それぞれ変更する必要があるので、注意。

＊

　「ネコのコード画面」に戻り、実行しよう。

　実行の手順を見ると、ネコは「メッセージ（挨拶）」をアヒルとカエルに送信し、それを受け取った各スプライトは、背景を「数秒遅れ」で表示させる。

　画面では「ネコの背景画面」である「Blue Sky2」が、1秒後に「Forest」に変わり、さらに1秒後に「Water And Rocks」に変わる。

　このように「メッセージ機能」を使うと、「文字列」の「やりとり」や「背景画面」の切り替えが簡単にできる。

第**5**章

「定義ブロック」処理の仕方

「ブロック・パレット」にあるデフォルトのブロックでは、使いたいブロックや適当なブロックがない場合がある。

このような不便や非効率を解消し、自分の思い通りのブロックを作るのが、「定義ブロック※」の役割である。

本章では、この「定義ブロック」の作り方を見てみよう。

※「定義ブロック」は処理を一つにまとめたもので、一般的なプログラミング言語では「メソッド」と言う。

5-1 「定義ブロック」の作成

「定義ブロック」の必要性や使い方をよく理解するため、仮に「10歩動かす」ブロックがない場合を想定し、このブロックを「定義ブロック」で自ら作ることからはじめてみよう。

■「10歩動かす」ブロックの作成

手 順 「定義ブロック」を作る
....
[1]「コード・グループ」の「ブロック定義」を選択後、「ブロック・パレット」にある「ブロック定義」の中の「ブロックを作る」をクリックする。

図5-1-1 「ブロックを作る」をクリック

[2]表示される画面の上部には、「ブロック名」のブロック、その下に2種類の「引数を追加」「ラベルのテキストの追加」などの項目が表示されている。

まず、「ブロック名」を指定するため、画面の**「ブロック名」ブロック**をクリックし、「ブロック名」に**「10歩動かす」**と入力する。

図5-1-2 「10歩動かす」と入力

[3]引数なしでブロック名の**「10歩動かす」**を入力後、「OK」をクリック。

すると、「ブロック・パレット」の「ブロック定義」に**「10歩動かす」**ブロックが追加される。

図5-1-3 「ブロック・パレット」に「10歩動かす」ブロックが追加される

同時に、「コード・エリア」に**「定義（10歩動か
す）」ブロック**が自動的に作成される。

図5-1-4　「コード・エリア」に定義（10歩動か
　　　　　 す）」ブロックが作られる

このブロックは、「ブロック・パレット」の「動
き」にある、**「10歩動かす」ブロック**と同じ名前
である。

＊

次に、この**「10歩動かす」ブロック**のプログラ
ムを作ろう。

■「定義ブロック」の処理プログラム

「定義ブロック」の処理プログラムとして、定
義「10歩動かす」ブロックの下に、ネコを「横に
動かす」ため、**「x座標を10ずつ変える」ブロッ
ク**を結合させる。

図5-1-5　「x座標を10ずつ変える」ブロックを結合

※「スクラッチ」の「ステージ画面」は、二次元座標軸「x,y」
から構成されている。

「定義ブロック」が作成されたが、このままで
は動かない。
この「定義ブロック」を呼び出して、動かすプ
ログラムが別に必要となる。

そのため、ブロック定義にある**「10歩動かす」
ブロック**を、「コード・エリア」にドラッグして、
ドラッグ済みの**「緑の旗が押されたとき」ブロッ
ク**に結合する。

図5-1-6　「10歩動かす」ブロックと「緑の旗」のブロックを結合

＊

準備ができたので「緑の旗」を押すと、「定義ブ
ロック」が呼び出されて、ネコがx軸に沿って10
歩右に動く。

＊

続いて、「緑の旗」を**押し続ける**と、ネコは**連
続的に**右に動く。

＊

これが、元から「ブロック・パレット」にある、
「10歩動かす」ブロックのプログラムの仕組みだ。

「定義ブロック」をいちいち作るのは非効率な
ので、「ブロック・パレット」にデフォルトで**「10
歩動かす」ブロック**が用意されているのである。

<table><tr><td>**5-2**</td><td>「定義ブロック」の作成（引数を使用）</td></tr></table>

簡単な「定義ブロック」の作成法を見てきたが、
同じ処理は**「引数」**を使っても作ることができる。

＊

「定義ブロック」には、「引数※」として**「引数（数
値）」**と**「引数（真偽）」**の2つがある。

次は、このうち数値の「引数」を渡す「定義ブ
ロック」を使い、**「10歩動かす」ブロック**を作っ
てみよう。

※「引数」とは、プログラム中でメソッドなどを呼び出
すときに渡す「値」のことを言う。
　渡された側はその「値」に従って処理したり、結果を
返したりする。

手　順　「定義ブロック」の作成

[1]「ブロック・パレット」にある「ブロック定
義」から「ブロックを作る」をクリック

[2]「ブロック名」として「10歩動かす」と記述後、新たに「引数を追加」をクリックする。

図5-2-1 「引数を追加」をクリック

[3]「引数を追加」をクリック後、「ブロック名」の隣に現われる文字表示を「引数名」の「速度」に変更する。

図5-2-2 文字表示を「速度」に変更

[4]「ブロック・パレット」のブロック定義に「引数」付の**「10歩動かす（　）」**ブロックと「コード・エリア」に**「定義（10歩動かす）（速度）」**ブロックが表示される。

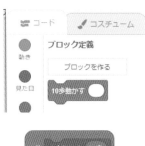

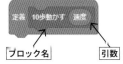

図5-2-3 「10歩動かす（　）」ブロック（上）、「定義（10歩動かす）（速度）」ブロック（下）

⁜

　次に「呼び出し元」から渡された「引数」を受け、「定義ブロック」内で処理するプログラムの作成を見てみよう。

手 順 「定義ブロック」処理プログラムの作成

[1]「定義ブロック」処理プログラムを作るため、**「x座標を（10）ずつ変える」**ブロックを「コード・エリア」にドラッグする。

[2] 数値の「10」に、「引数」の「速度」を挿入する。

　この挿入措置は、呼び出し元から渡された「引数」の「値」に従って、ネコがX軸に沿って横に動く処理をするプログラムである。

図5-2-4 「10」に、「引数」の「速度」を挿入

[3] 最後に、「呼び出し元」の「引数渡し」の処理プログラムを作る。

　「緑の旗が押されたとき」ブロックを「コード・エリア」にドラッグ後、「ブロック・パレット」の「ブロック定義」から、**「10歩動かす（　）」**ブロックを「コード・エリア」にドラッグ。

　括弧内に「10」を記述する。

　　　　　　　⁜

　「緑の旗が押されたとき」をクリックしてプログラムを実行すると、「10」の数値が「引数」として、「定義ブロック」の「速度」に渡される（**図5-2-5**）。

　そして、この"速度「10」の値"を「定義処理プログラム」に挿入することで、「ネコが右横に10歩動く」ことになる。

　　　　　　　⁜

　このように、「引数渡し」による長所は、速度を変えたい場合に、「定義ブロック」内に速度を直接挿入するのではなく、「引数」を渡す処理ブロックで行なうほうがプログラムでは合理的な

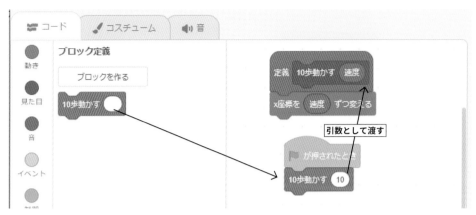

図5-2-5 完成したプログラム

点である。

「定義ブロック」内で数値を直接挿入すると、後述するように、「定義ブロック」を繰り返し使う場合に、制限ができて、不便である。

5-3 「定義ブロック」の作成
(「真偽値」と「ラベル」の使用)

「引数」を数値で処理してきたが、「引数」には「真偽値」を処理する機能がある。

＊

すなわち、「判定条件」において「真」ならば「処理を実行」し、「偽」なら「処理を中止」する機能である。

具体的なプログラムとして、判定条件として「ネコが壁に触れる」を設定し、この条件が成立すれば左右に回転するプログラムを作ろう。

■「定義ブロック」の作成

手順 「定義ブロック」を作る

[1]「ブロックを作る」をクリックする。
5-2節で作った「定義ブロック」に、「引数の追加」(真偽値)をクリック後、「判定条件」を記述。

[2] さらに「ラベルのテキストを追加」をクリッ

ク後、「に触れたなら」を記述する。

図5-3-1 「判定条件」とラベルのテキストを記述

[3]記述後、「OK」をクリック。

[4]「ブロック・パレット」には6角形の「引数」付の「真偽ブロック」と、四角形のラベルの「に触れたなら」が表示される。
「コード・エリア」には「引数」とラベル付きの「定義ブロック」が表示される。

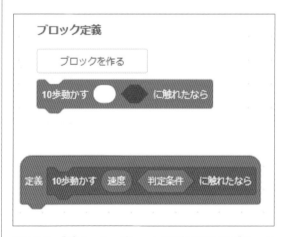

図5-3-2 「ブロック・パレット」に表示されるブロック(上)、「コード・エリア」に表示される(下)

■プログラム作成1

「定義ブロック」が完成したので、「定義ブロック」の処理プログラムを作ろう。

手順 「判定条件ブロック」のプログラム

[1]「制御」から、判定させる条件分岐処理の「**もし～なら**」**ブロック**を「コード・エリア」にドラッグし、「定義ブロック」に結合させる。

[2]呼び出しプログラムから「引数」として、「判定条件」が渡され、この「引数」を条件分岐処理ブロック「もし～なら」の「六角形の穴」に挿入。

図5-3-3 「引数」を「もし～なら」ブロックに挿入

[3]「制御ブロック」では、判定条件が「真」の場合、「**もし端に着いたら、跳ね返る**」**ブロック**と

「**回転方法を(左右のみ)にする**」**ブロック**を制御ブロックに挿入する。

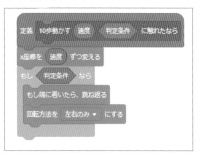

図5-3-4 「もし端に着いたら、跳ね返る」ブロックと「回転方法を(左右のみ)にする」ブロックを挿入

[4]「判定条件」が「真の場合のみ」読み込まれる「定義ブロック」のプログラムが完成する。

次に、「呼び出し元のプログラム」を作ろう。

＊

最初に、「**10歩動かす( )( )に触れたなら**」**ブロック**を「コード・エリア」にドラッグ。

このブロックに速度「10」と判定するための「端に触れた」ブロックを六角形に挿入。

図5-3-6 出来上がった処理プログラム

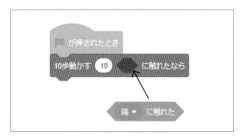

図5-3-5 速度の「10」と端に触れた」ブロックを挿入

「引数」と「判定条件」を組み込んだプログラムを作る（**図5-3-6**）。

＊

プログラムを実行しよう。

実行すると、「定義ブロック」が呼び出されて、引数「10」と判定条件が渡される。

ネコがX軸に沿って動き、端に着くと、ネコは反転する。

図5-3-7 端に着くとネコが反転

■プログラム作成2

プログラム作成1で作ったプログラムは、跳ね返っただけで前に進まない。

ネコを進ませるためのプログラムを作ろう。

手 順 端に着くと、反転して進むようにする

[1]「定義ブロック」はまったく同じなので、異なる「呼び出しプログラム」に「**x座標を－10ずつ変える**」ブロックと「**10歩動かす**」ブロックを追加で結合する。

図5-3-8 「x座標を－10ずつ変える」と「10歩動かす」を追加

実行すると、端に触れたときにネコが左右に反転して行き来する。

[2] さらに、「呼び出し元」のプログラムで追加した、回転後の「戻りの速度」などを「引数」として新たに「定義ブロック」に追加し、完成プログラムを作る。

[3] **[2]**の「定義ブロック」を右クリックし、画面から「編集」をクリック。

[4]「ブロックを作る」画面で、「引数」をクリック後、「戻りの速度」を記述する。
「OK」をクリック。

図5-3-9 「戻りの速度」を記述

[5]「戻りの速度」をプログラムするため、「**x座標を10ずつ変える**」ブロックを「コード・エリア」にドラッグ後、「10」を引数の「戻りの速度」に変更。

[6] さらに「**10歩動かす**」ブロックを「コード・エリア」にドラッグ後、「10」を「速度」に変更。

図5-3-10 「10」を「速度」に変更

[7] 呼び出し元のプログラムに「戻りの速度」に渡す引数値として「－10」を記述する。

図5-3-11 「－10」を記述

[8] 以上を組み込んで「完成プログラム」を作る（**図5-3-12**）。

図5-3-12　完成したプログラム

5-4 「定義ブロック」使用例

　次に、「定義ブロック」を使う例として、多角形プログラムの作成に挑戦しよう。

■「定義ブロック」の作成

手　順 「定義ブロック」の作成

[1]「ブロック・パレット」から「ブロックを作る」をクリック。

[2] ブロック名を「正多角形」とし、ラベル付きの「引数」として、「種類」と「長さ」の2個を記述。

　さらにラベルのテキスト追加として、「（種類）角形の大きさを」と「（長さ）で描く」の2個を記入後、「OK」を押す。

図5-4-1　「正多角形」ブロックを作る

[3]「ブロック・パレット」のブロック定義に引数とラベル付きの「正多角形」ブロックが、「コード・エリア」に「定義ブロック」が表示される。

■プログラムの作成（定義ブロック）

　引数とラベルをもつ「定義ブロック」のプログラムを作ろう。

＊

手　順 「定義ブロック」のプログラム

[1]各正多角形の辺の長さを作るため、「ブロック・パレット」の「制御」から「(10)回繰り返す」ブロックを「コード・エリア」にドラッグ。

[2]「（　）」には、辺の数である「種類」を「定義ブロック」から挿入。

正三角形なら「3」、正四角形なら「4」を挿入。

図5-4-2 「(10)回繰り返す」ブロックの「( )」に「種類」を挿入

[3]各正多角形の線を引くため、「ブロック・パレット」の拡張機能をクリックして、「ペン」をクリック。

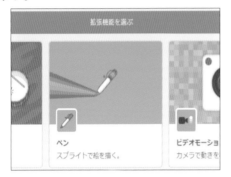

図5-4-3 「ペン」をクリック

[4]線を書くため、「ブロック・パレット」の「ペン」から**「ペンを下ろす」ブロック**を「コード・エリア」の制御ブロックの中に挿入。

図5-4-4 「ペンを下ろす」ブロックを挿入

[5]線の色を指定するため、「ブロック・パレット」の「ペン」から**「ペンの色を( )にする」ブロック**を制御ブロックに挿入する。

　ペンの色は「( )」をクリック後、「濃紺」を選択する。

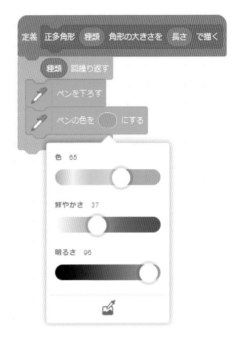

図5-4-5 「ペンの色を( )にする」ブロックを挿入

[6]1辺の長さを設定するため、「ブロック・パレット」から**「10歩動かす」ブロック**を「コード・エリア」の制御ブロックに挿入。

　数値「10」を「引数」の「長さ」に変更。

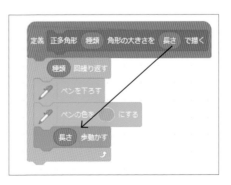

図5-4-6 「10歩動かす」ブロックを挿入し、数値を「長さ」に変更

[7]「曲がる角度」を設定する。
作図には外角の設定が重要である。

三角形なら「120度」、四角形なら「90度」、五角形なら「72度」で曲がると作図できる。

「正多角形」の外角の和は必ず「360度」なので、それを各多角形の数値（頂点の数）で割ると、外角の角度を求めることができる。

> 三角形 = 360度 / 3（外角は120度）
> 四角形 = 360度 / 4（外角は90度）
> 五角形 = 360度 / 5（外角は72度）

[8] この公式を入れるため、「ブロック・パレット」の「動き」から**「(15)度回す」ブロック**を「コード・エリア」の制御ブロックに挿入し、数値「15」を角度の公式に変換する。

図5-4-7　「(15)度回す」ブロックを挿入

[9] 最後に、作図を終了し、次の作図に移るため「ブロック・パレット」の**「ペンを上げる」ブロック**を「コード・エリア」の「定義ブロック」の最後に結合する。

図5-4-8　「ペンを上げる」ブロックを「定義ブロック」の最後に結合

■プログラムの作成（読み込む元のプログラムの作成）

「定義ブロック」のプログラムができたので、読み込む元のプログラムを作ろう。

手 順　読み込む元のプログラムを作る

[1] 読み込む元のプログラムの作成に際し、画面をクリアするため、**「全部消す」ブロック**を「コード・エリア」にドラッグ。

前回作図した画像が残っているので、クリアしないと新たに作図した図が見えないためである。

図5-4-9　「全部消す」ブロックをドラッグ

[2] 作図する座標を設定するため、「動き」の**「x座標を(　),y座標(　)にする」ブロック**を「コード・エリア」にドラッグ。

当初のネコの位置を「x座標の数値を−100、y

座標の数値を「0」と設定し、さらにネコの位置を作図開始時に90度にするため「(90)度に向ける」ブロックをプログラムに組み込む。

図5-4-10 「(90)度に向ける」ブロックをプログラムに組み込む

[3]「定義ブロック」を読み込むため、「ブロック・パレット」の「ブロック定義」から「正多角形( )角形の大きさを( )で描く」ブロックを「コード・エリア」にドラッグ。

渡す引数「種類」の値は当初三角形の作図なので「3」、引数「長さ」の値を「50」と記述する。

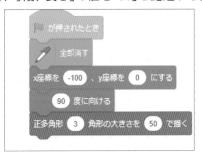

図5-4-11 「正多角形( )角形の大きさを( )で描く」ブロックをドラッグし、引数を入力

[4]三角形の作図プログラムが完成したので、残る四角形、五角形のプログラムを作る。

とはいえ、三角形のプログラムから各座標の数値や引数「種類」の数値などを変更するだけである。

＊

三角形の作図後、四角形の作図をする際に、時間を置きたいので、「3秒待つ」ブロックを挿入している。

また、プログラムの最後にネコを隠すための「隠す」ブロックを組み込んでいる。

図5-4-12 四角形、五角形のプログラムを追加

■「正多角形」のプログラムの完成

完成した「正多角形のプログラム」を見てみよう。

※「定義ブロック」プログラムにおいて、「2秒待つ」ブログが挿入されている。

その理由は、多角形を作図するのに時間をかけて順次作図するためである。

プログラムを実行すると、 当初、x が100、y が0の地点に正三角形が表示される。

それから3秒遅れで、x が0、 y が0の地点に正四角形が表示され、さらに3秒遅れて、x が100、Y が0の地点に正五角形が順次、表示される。

最後に、完成した定義処理プログラム（**図5-4-6**）と、呼び込む元のプログラム（**図5-4-12**）をまとめて示す（**図5-4-13**）。

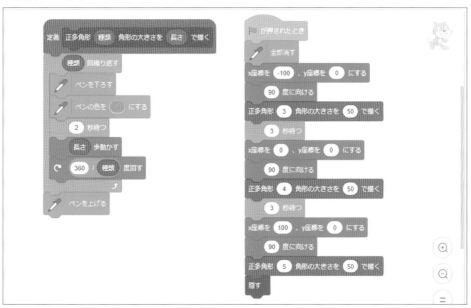

図5-4-13　完成したプログラム

実行するため「緑の旗」をクリックすると、順次、正三角形、正四角形、正五角形が表示される。

図5-4-14　図形が作図される

第II部

活用事例

「第II部」では、「第I部」で説明した4つの専門基礎知識を使って、さまざまな教材などのコンテンツ開発に挑戦。

同時に、教材開発の手法も習得しよう。

第**6**章

英語辞典の作成

2020年から小学校で「英語」が必修化された。
この「英語授業」を支援するため、スクラッチで「英語辞典」を作ろう。

6-1 「翻訳機能」の追加

「日本語」を「英語」に翻訳する「和英辞典」を作るため、「翻訳機能の追加」から始めよう。

この翻訳機能はGoogleの翻訳システムを使うので、翻訳システムを読み込むためにインターネットの接続が必要不可欠である。

まず始める前に、インターネットに接続していることを確認しておこう。

手順 「翻訳ブロック」を追加する

[1]拡張機能を追加

スクラッチを起動し、「ブロック・パレット」下部にある「拡張機能を追加」をクリックする。

図6-1-1 「拡張機能を追加」をクリック

[2]「翻訳」をクリック

画面から「翻訳」をクリックする。

図6-1-2 「翻訳」をクリック

[3]「翻訳ブロック」の表示

「コード・グループ」に「翻訳」が表示され、同時に「ブロック・パレット」に2個の「翻訳ブロック」が表示される。

図6-1-3 「翻訳ブロック」が表示される

このブロックの「翻訳機能」を使い、「和英辞典」作成の手順を見ていこう。

6-2 「和英辞典」の作成

最初に、「日本語」を「英語」に翻訳する「和英辞典」を作ろう。

手 順 「和英辞典」を作る

[1] 「コード・グループ」から「イベント」を選択して、出てくる画面から**「緑の旗が押されたとき」ブロック**を「コード・エリア」にドラッグする。

図6-2-1 「緑の旗が押されたとき」のブロックを、ドラッグ

[2] 「コード・グループ」の「見た目」を選択し、**「(こんにちは!)と言う」ブロック**を「コード・エリア」にドラッグ。

図6-2-2 「見た目」から、「(こんにちは!)と言う」ブロックをドラッグ

[3] 「コード・グループ」から「翻訳」を選択し、**「(こんにちは)をアイスランド語に翻訳する」ブロック**を「コード・エリア」にドラッグする。

＊

このブロックに翻訳したい単語として「日本語」で「こんにちは」を入力後、どの言語で翻訳するかを決める。

ここでは、「プルダウン・メニュー」から、「英語」を選択する。

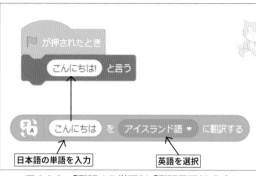

図6-2-3 「翻訳する単語」と「翻訳言語」を入力

選択後、「(こんにちは)を英語に翻訳する」ブロックを、**「(こんにちは!)と言う」ブロック**の箇所に挿入する。

「画面」は、次のようになる。

図6-2-4 完成した「翻訳プログラム」

＊

「翻訳プログラム」が作成できたので、**「緑の旗」**アイコンをクリックして、実行する。

「ステージ画面」のネコの口から、英語**「Hello」**が表示され、簡単に「翻訳」が完了する。

図6-2-5 「Hello」と表示される

他の「日本語」を翻訳する場合、たとえば、「おはよう」の場合を見てみよう。

図6-2-6　「翻訳された挨拶」が表示される

図6-2-7　「翻訳された文章」が表示される

＊

「コード・エリア」の「**こんにちは**」の箇所をクリックして、「**おはよう**」に変更し、実行する。

すると、日本語が「**Good morning**」に翻訳され、ネコの口から表示される（**図6-2-6**）。

さらに、「こんばんは」「おやすみ」などを各自翻訳しよう。

簡単な「和英辞典」が完成する。

＊

「簡単な文章」も「翻訳」してみよう。

次の「日本語の文章」をブロックに直接入力し、英語に翻訳する（**図6-2-7**）。

「私の名前は梅原です。私は先生です」

実行すると、ネコの口から「翻訳された英文」が表示される。

6-3　「英和辞典」の作成

「和英辞典」が出来たので、逆の「英和辞典」を作ろう。

作成の「基本的操作」は**6-2節**の操作手順とほぼ同じで、操作手順 [3] のみ変更したので、その画面を再度表示し、次のように変更しよう。

図6-3-1　「翻訳する単語」と「翻訳言語」を変更

日本語の「**こんにちは**」を英語の「**Good Evening**」に変更し、「英語」を「プルダウン・メニュー」から「日本語」に変更する。

＊

実行しよう。

図6-3-2　翻訳された「挨拶」が表示される

図6-3-3　翻訳された「文章」が表示される

画面には、英語を翻訳した「**こんばんは**」が表示される（**図6-3-2**）。

さらに、「**Hello**」「**Good Morning**」などを各自翻訳しよう。

簡単な英和辞典が完成する。

＊

単語でなく、英語文を日本語文に翻訳するケースも見てみよう。

次の英語文を日本文に翻訳する。

My name is Umehara. I am a teacher.

英文をブロックに入力後、実行すると、「英語文」の「日本語翻訳」に成功する（**図6-3-2**）。

6-4 対話的な「和英辞典」の作成

前節では、プログラム内に直接単語を設定して翻訳をしてきた。

本節では、入力画面に入力した「単語」を翻訳する、対話的な方法を見てみる。

そのため、最初に「キーボードから入力した単語」を格納する、"「変数」の作成"からはじめよう。

手　順　「変数」を作る

[1]「コード・グループ」の「変数」を選択後、「変数を作る」項目をクリックする。

図6-4-1　「変数を作る」をクリック

[2]「新しい変数名」として「単語」を入力後、「すべてのスプライト用」を選択して、「OK」を押す。

図6-4-2　変数名を入力

[3]「ブロック・パレット」の「変数」に「単語」の
ブロックが表示されるので、これにチェックを
入れると、「ステージ画面」に「単語」が表示される。
（**図6-4-3**）

　今は単語が入力されていないので、「0」が入っ
ている。

[4] 変数を作って使う場合は「変数の初期化」を
する。

　すなわち、意図しないエラーなどを防ぐため、
変数に初期値を与える。

　そのため、「変数」選択後、**「(単語)を(0)にす
る」ブロック**を「コード・エリア」にドラッグする。

図6-4-4　「(単語)を(0)にする」ブロックをドラッグ

[5]単語を入力する「入力画面」を作る（**第2章**の
5節を参照）。

＊

　「コード・グループ」の「調べる」を選択し、
「(What's your name?)と聞いて待つ」ブロック
を「コード・エリア」にドラッグ。

　ブロックの「**(What's your name?)**」を、「**単
語は**」に変更する。

図6-4-5　「(What's your name?)」を変更

　このプログラムを実行すると、「ステージ画
面」の下部に「単語の入力画面」が表示される。

[6] 入力した日本語は、変数の「単語」に直接入
れることができない。

　そのため、入力した単語は、「コード・グルー
プ」の「調べる」にある「答え」ブロックに一時的に
入れる。

　この「答え」ブロックの中身を変数の「単語」に
入れるため、**「(単語)を(0)にする」ブロック**を
「コード・エリア」にドラッグし、「0」の箇所に
「答え」ブロックを挿入する。

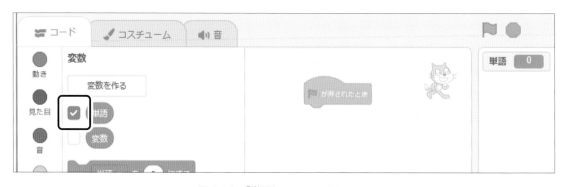

図6-4-3　「単語」にチェックを入れる

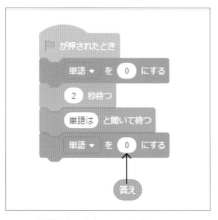

図6-4-6 「(単語)を(0)にする」ブロックをドラッグ

図6-4-7 「単語」を挿入し、言語を変更

このように、キーボードから入力した日本語は、「答え」のブロックを経由して、(間接的に)変数の「単語」に挿入される。

[7]「単語」を翻訳するため、(A)「コード・グループ」の「見た目」にある「(こんにちは!)と言う」ブロックと、(B)「コード・グループ」の「翻訳」にある「(こんにちは)をアイスランド語に翻訳する」ブロックの2個を、「コード・エリア」にドラッグ。

その後、ブロック内の「(こんにちは)」に変数の「単語」を挿入し、「**アイスランド語**」を「英語」に変更する。

このブロックを「(こんにちは!)と言う」ブロックに挿入後、本体と結合させる。

図6-4-8 完成したプログラム

画面に対話的な「和英辞典」のプログラムが作成される。

・・・
＊

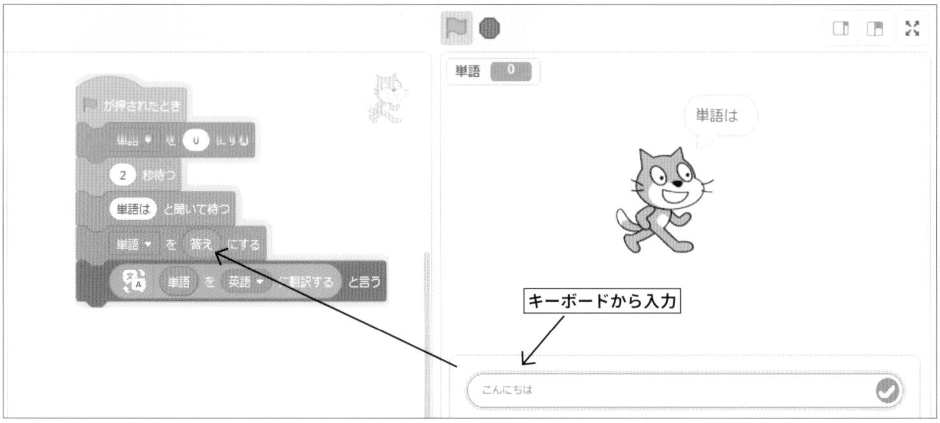

図6-4-9 「入力した単語」は「答え」に格納される

実行すると、ステージ画面の下の箇所に、**入力画面**が表示される。

ここに、日本語で「こんにちは」と入力すると、「こんにちは」は「答え」の中に入る（**図6-4-9**）。

入力後、エンターキーを押すと、画面に翻訳の結果が表示される。

図6-4-10　「翻訳結果」が表示される

各自、キーボードを使い、他の日本語の翻訳をしてみよう。

6-5　「対話的な英和辞典」の作成

こんどは「対話的な英和辞典」を作ろう。

基本的な作成方法は「和英辞典」と同じなので、異なる箇所のみ説明する。

＊

前節の操作手順**[7]**で作ったプログラムで、翻訳ブロックの「英語」を「日本語」に変更する。

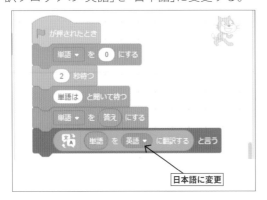

図6-5-1　「英語」を「日本語」に変更

＊

実行し、キーボードから英語で「**Hello**」と入力して、「エンターキー」を押す。

画面の「ネコの口」から「翻訳結果」が表示される。

図6-5-2　「翻訳結果」が表示される

さらに、各自、キーボードを使い他の単語を入力しよう。
「対話的な英和辞典」が完成する。

6-6　「リスト」を使った和英辞典の作成

前節までは、翻訳したい単語を一つずつ変数に入れて翻訳してきたが、変数は1回ごとに消去され、最後の翻訳単語しか見えない。

これを改善するために、翻訳したい単語を「リスト」に入れて格納しよう。

こうすると、翻訳したいすべての単語が分かり、便利である。

■「リスト」を使う

「変数」は一つの値や文字しか入れられないが、「リスト」は「変数」の集まりのようなもので、いくつものデータを入れておくことができる。
これが、リストの長所である。

＊

第2章の「データ処理」でも説明したように、

「複数のデータを扱うとき」には、「リスト」を使うのが便利だ。

＊

最初に、「リスト」を作成しよう。

手 順 「リスト」を作る
....
[1]「コード・グループ」の「変数」を選択後、「ブロック・パレット」にある「リストを作る」をクリックする。

図6-6-1 「リストを作る」をクリック

[2]画面の「新しいリスト名」として、「単語リスト」と入力して「OK」を押す。

図6-6-2 「リスト名」を入力

[3]「ステージ画面」に「単語リスト」が表示される。

図6-6-3 「単語リスト」が表示される
....

＊

この単語リストの中に「翻訳したい日本語」を入れてみよう。

単語の「入れ方」には、**第2章**で説明したように3つの方法がある。

①**手操作でキーボードから「リスト」に直接入力**する方法
②**プログラムを使って入力**する方法
③**ファイルの読み込みで入力**する方法

このうち、①と②を見てみよう。

＊

最初に、①の手操作でキーボードから「リスト」に直接入力する方法を見てみる。

手 順 手操作でリストに入力する
....
[1]リスト画面の下部にある「+」記号をクリックすると、リストに番号が振られる。

図6-6-4 「+」記号をクリック

I 基礎知識

II 活用事例

III 遠隔教育

[2]「リスト」の「番号1」の箇所にキーボードで直接「おはよう」と入力する。

図6-6-5　「おはよう」と入力

[3] さらに、「こんにちは」「こんばんは」など必要な単語を、「＋」記号、あるいは「エンターキー」を使って順次入力する。

　①のような「手操作による入力」は、単語数が少ない場合はよいが、多くなると面倒だ。

　このような場合は、②の「プログラムを使って入力する方法」が適当である。

＊

　②の操作手順を見てみよう。

手　順　プログラムを使って入力する

[1] 最初に、キーボードから入力画面に単語を入力するため「**(What's your name?)と聞いて待つ**」ブロックを「コード・エリア」にドラッグし、英文字を「単語は」に変える。

[2] さらに、「ブロック・パレット」の中の「**(なにか)を単語リストに追加する**」ブロックを「コード・エリア」までドラッグ。

　このブロックの「(なにか)」に、入力した単語を格納している「答え」ブロックをドラッグし、挿入する。

図6-6-6　「(なにか)」に「答え」ブロックを挿入

　この操作によって、リストに単語を入れることができる。

＊

　次に、翻訳した「答え」をネコに言わせてみよう。

手　順　翻訳した「答え」をネコに言わせる

[1]「**(こんにちは!)と言う**」ブロックを「コード・エリア」にドラッグする。

[2] さらに、英語に翻訳するため「翻訳」から「**(こんにちは)をアイルランド語に翻訳する**」ブロックを「コード・エリア」にドラッグ。

[3] ブロック内の「こんにちは」を「答え」に、「アイルランド語」を「英語」に変えた後、「**(こんにちは!)と言う**」ブロックに挿入する。

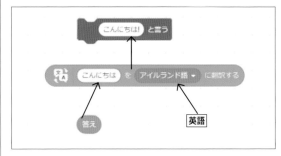

図6-6-7　「答え」を挿入し、言語を変更

＊

プログラムは次のようになる。

図6-6-8　完成したプログラム

＊

実行すると、まず単語の入力を催促されるので、キーボードから「おはよう」と入力する。

図6-6-9　単語を入力

「エンターキー」を押すと、自動的に「単語リスト」の1番目に**おはよう**と表示。

さらには、「ふきだし」の中に翻訳された**Good morning**が表示される。

図6-6-10　「翻訳された単語」が表示される

再度、実行しながら「**こんにちは**」「**こんばんは**」と続けていく。

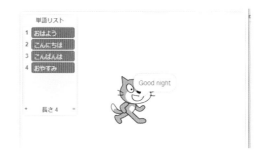

図6-6-11　「翻訳」を続行する

翻訳したい「単語リスト」すべてが「リスト」に格納され、その「翻訳」がネコの口から順次表示される。

■「翻訳結果」を「リスト」に格納する

「翻訳したい単語」は「単語リスト」に格納されたが、「翻訳結果」は「ふきだし」に表示されるだけで「保管」されていない。

＊

「翻訳結果」をネコに言わせるだけでなく**「リスト」にも格納**しよう。

手　順　翻訳結果を格納する「リスト」の作成

[1] 新たに「リスト」を作り、リスト名を「翻訳リスト」にする。

図6-6-12　リスト名を「翻訳リスト」にする

「OK」を押すと、ステージ画面に、新たに「翻訳リスト」が追加作成される。

[2] 準備ができたので、**図6-6-8**のプログラムに

次のブロックを追加する。

＊

「単語リスト」と「翻訳リスト」の２つを「空」にするため、「（　）のすべてを削除する」ブロックを「コード・エリア」に追加。

＊

再度実行するのは面倒なので、自動的に実行させるため、「制御」の「繰り返しブロック」である「(10)回繰り返す」ブロックを「コード・エリア」にドラッグ。

ブロック内の「10」を「4」に変更する。

「翻訳結果」を「翻訳リスト」に格納するため、「(なにか)を翻訳リストに追加する」ブロックを「コード・エリア」にドラッグ。

このブロックの「なにか」の箇所に、翻訳ブロックの「(答え)を英語に翻訳する」ブロックを挿入。

＊

これらのブロックを「繰り返し」ブロックの間に挿入すると次のプログラムが作成される（図6-6-13）。

＊

実行し、キーボードから翻訳する単語を入力すると、単語は「単語リスト」に格納される。

ネコの口からも「翻訳言語」が表示され、さらに翻訳結果が「翻訳リスト」に順次格納される。

これを４回繰り返すと、次の２つのリストが完成する。

図6-6-14　２つのリストが完成

＊

こうして、本格的なリストを使った「和英辞典」が出来上がる。

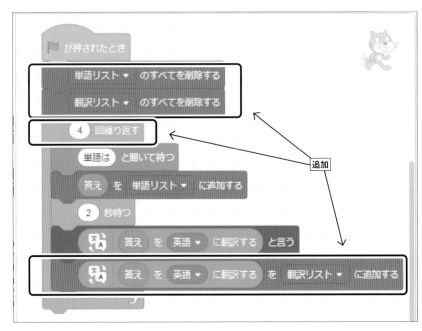

図6-6-13　完成したプログラム

6-7 「リスト」を使った「英和辞典」の作成

次に、「リスト」を使った「英和辞典」のプログラムを作成しよう。

＊

「英和辞典」のプログラムは、**6-6節**で作った「和英辞典」のプログラムとほぼ同じである。

異なるのは「翻訳する単語」を「英語」に変え、さらに「翻訳言語」を「日本語」に変えた点だけだ。

図6-7-1 「英和辞典」のプログラム

＊

実行しよう。

「Good Morning」と入力すると、「リスト」には英単語が表示され、「ふきだし」には翻訳した日本語が「表示」される。

図6-7-2 「翻訳した日本語」が表示される

簡単な英和辞典が完成した。

＊

各自、他の翻訳をしてみよう。

また、**6-6節**の**図6-6-13**のプログラムを参考に、翻訳結果も「リスト」に格納する、「本格的なプログラム」を各自作ってみよう。

6-8 「録音機能」を使って「発音」させよう

今までは、英語に翻訳する際に英語を「発音」させていなかった。

本節では、完成した辞典から「英単語を呼び出」し、「発音」させてみよう。

手 順 音を「録音」して「保存」する
・・
[1] ネイティブの発音を録音するために「音」の設定画面をクリックし、「音」の録音機能を表示する（**第3章**を参照）。

[2] 画面下の「追加機能」から、「録音する」をクリックする。

[3] 発音する単語として「**Good Morning**」を選び、画面の「**録音する**」をクリックする。

[4] すでに録音済みの「**Good Morning**」をマイクに向けて発音させると、音の波形が表示される。
　発音が終われば、「録音をやめる」をクリックする。

[5] 次の画面で、「再生」ボタンをクリックし、「音」を確認する。
　問題がなければ「保存」をクリックする。

＊

「音」のサムネイル画面に「**Good Morning**」の発音が、「recording1」として保存される（録音を使わず、直接ネイティブの人に発音してもらってもいい）。

[6] コード画面に戻り、「コード・グループ」の「音」をチェック

「ブロック・パレット」の「音」には、自動的に「recording1」が組み込まれている。

これをクリックすると「Good Morning」の発音

が聞こえる。

図6-8-1　「recording1」をクリック

[7]「Hello」「Good Evening」「Good Night」も録音しよう。

　結果は次のようになる。

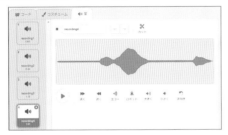

図6-8-2　4つの「挨拶音声」が保存されている

　4つの挨拶の単語の発音が、「音」のサムネイル画面に保存されている。

＊

　次に、4つの挨拶を発音するプログラムを作ろう。

　コード画面に戻り、「音」をクリック後、「recoding1 の音を鳴らす」ブロックを4つ、「コード・エリア」にドラッグして結合する。

　その際、間には**「(3)秒待つ」ブロック**を挟む。

図6-8-3　挨拶を発音させるプログラム

　実行すると、順次、3秒おきに挨拶の単語が発音される。

＊

　さらに、日本語の4つの挨拶を発音する際に、同時に挨拶の文字列も表示するようにしよう。

手　順　「挨拶の文字列」を表示する

[1]「コスチューム・エディタ」の「ペイント・ツール」の「筆」を使い、「コスチューム1」に、新しく次のようなタイトル画像を作成する。

図6-8-4　タイトル画像を作成

[2]以下、「コスチューム2」に「おはよう」、「コスチューム3」に「こんにちは」、「コスチューム4」に「こんばんは」、「コスチューム5」に「おやすみ」を作成する（入門編の**第4章**を参照）。

[3]これを組み込んだプログラムを作る。

　「ブロック・パレット」の「見た目」にある**「コスチュームを（コスチューム1）にする」ブロック**を5つ、「コード・エリア」にドラッグ。

[4]コスチューム番号を2〜5に変更後、このブロックを**図6-8-3**のプログラムの、「録音ブロック」の上に挿入する。

図6-8-5 「挨拶の文字列」を表示する

実行すると、「ステージ画面」に「挨拶」が表示されるごとに、「対応した英語」の発音が行なわれる。

＊

図6-8-5のプログラムは、「挨拶」が4種類と少ない場合はいいが、多くなるとプログラムが長くなり、非効率となる。

そこで、これを改良したプログラムを作成する。（以下、改良した点のみ説明）

手 順 「挨拶表示プログラム」の改良

[1] 最初に、変数として「番号」を作成する。

[2] 次に、「recording1」〜「recording4」の音を鳴らす4個のブロックを削除し、一行の**「(recording1)の音を鳴らす」ブロック**のみを「コード・エリア」にドラッグする。

そして、この「(recording1)」の箇所に「番号」を挿入する（**図6-8-6**）。

[3] 4回の挨拶をするので、制御から**「(10)回繰り返す」ブロック**を「コード・エリア」にドラッグして、数値を「4」に変える。

[4] このブロックの間に、**「(番号)を1ずつ変える」ブロック**と、作成した**「(番号)の音を鳴らす」ブロック**を挿入する。

この措置によって、繰り返すごとに「リストの番号順」に「音のブロック」が呼び出される。

[5] さらに、**「次のコスチュームにする」ブロック**を挿入することで、4回の挨拶も順次呼び出され、表示される。

これらを結合させ、次の改良プログラムを作成する。

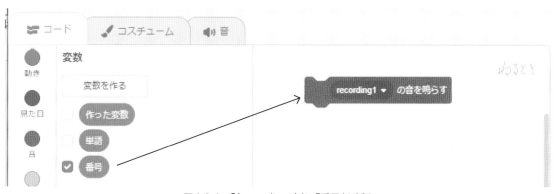

図6-8-6 「(recording1)」に「番号」を挿入

図6-8-7　完成したプログラム

実行すると、「発音」と同時に「挨拶の文字」が順次表示される。

第 7 章

漢字の音訓読みに挑戦

漢字の読み方には「音」と「訓」の2つがある。
「音読み」が漢字の中国読みであるのに対して、「訓読み」は漢字の導入
以前に存在していた日本古来の読み方である。

7-1　簡単な音訓読みのプログラムの作成

簡単な漢字の読み方のプログラムを作ろう。

■音訓読み

　最初に、小学校の1年生で習う漢字の「右」や
「左」の音訓の読み方を見てみよう。

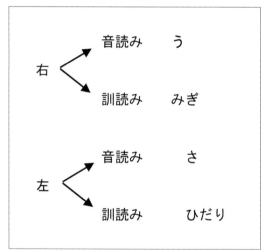

図7-1-1　音訓の読み方

　次に、この2つの漢字の「音訓プログラム」を
作り、読んでみよう。

■「音訓読み」のプログラムを作る

　「右」と「左」の2つの漢字のうち、最初に「右」
を見てみよう。

＊

　いちばん簡単なプログラムは、漢字の「右」の
「音訓」の読み方を「逐次処理」するものである。

手　順　「音訓読み」のプログラムの作成

[1]「(こんにちは!)と(1)秒言う」ブロックを5
個「コード・エリア」に順次ドラッグする。

図7-1-2　「(こんにちは!)と(1)秒言う」ブロックをドラッグ

[2] この5個のブロックの「こんにちは!」の箇所
に、順次、「右の漢字の音訓」「音読み」「う」「訓
読み」「みぎ」と書き込む。
　読む時間も、3秒おきに変える。

　すると、「右」の音訓読みプログラムは、次の
ようになる。

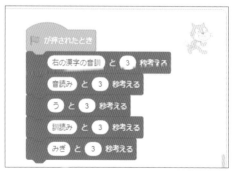

図7-1-3　「右」の「音訓読み」プログラム

＊

実行しよう。

漢字の「右」の「音訓の読み方」が3秒おきにステージに表示される。

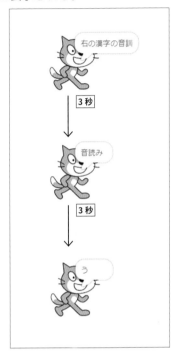

図7-1-4　実行結果

＊

同様に、「左」の読み方も作ろう。

右と同じ操作で、**「(こんにちは!)と(1)秒言う」ブロック**を5個「コード・エリア」にドラッグし、順次、**「左の漢字の音訓」「音読み」「さ」……**と書き込む。

＊

読む時間も、3秒おきに変える。

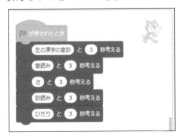

図7-1-5　「左」の「音訓読み」プログラム

＊

実行しよう。

漢字の「左」の音訓の読み方が3秒おきにステージに表示される。

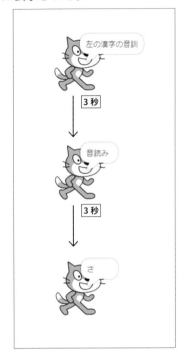

図7-1-6　実行結果

7-2 「リスト」を使った「音訓読み」のプログラム

キーボードからいちいち、漢字の「音読み」「訓読み」をプログラム内のブロックに入力するのは面倒で、非効率である。

「リスト」に読むべき漢字と音訓を格納した後にそれを読み込めば、効率的な活用ができる。

＊

そこで、次に「リスト」を使った「音訓読み」のプログラムを作ろう。

■「リスト」を作る

まず、「読むべき漢字」を入れるための「リスト」を作ろう。

I　基礎知識

II　活用事例

III　遠隔教育

手 順　「リスト」の作成

[1]「ブロック・パレット」の「変数」を選択後、「リストを作る」をクリックする。

[2]「リスト名」として「漢字リスト」と入力後、「OK」を押す。

図7-2-1　「リスト名」を入力

[3] すると、ステージ画面に空(カラ)の「リスト表」が表示される。

図7-2-2　空(カラ)の「リスト表が表示される

■「リスト」に漢字を挿入

　7-1節のように、漢字をプログラムの中にいちいち手操作で入力して読むのは非効率なので、入力画面を作り、リストに漢字を挿入する。

　そのためのプログラムを作ろう。

手 順　漢字挿入プログラム

[1] 最初に、繰り返しの「制御ブロック」である**「(10)回繰り返す」ブロック**を「コード・エリア」にドラッグ。

　6個の漢字を「リスト」に入力するために、数値を「6」に変更。

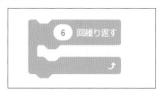

図7-2-3　「(10)回繰り返す」ブロックをドラッグして数値を変更

[2] キーボードから入力画面に単語入力するため、**「(What's your name?) と聞いて待つ」ブロック**を「コード・エリア」にドラッグし、ブロックの英文を「漢字を入力」に変える。

　このブロックを入れると、ステージ画面下に入力催促画面が出る。

図7-2-4　英文を「漢字を入力」に変える

[3] 次に、入力された漢字をリストに書き込むため、「変数」から、**「(なにか)を漢字リストに追加する」ブロック**を「コード・エリア」にドラッグ。

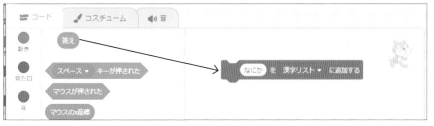

図7-2-5　「答え」ブロックを挿入

そして、このブロックの「なにか」の箇所に、キーボードから催促画面に入力した漢字を保存している**「答え」ブロック**を挿入する（**図7-2-5**）。

このブロックによって、リスト内に漢字が格納される。

[4] 以上のブロックをまとめたプログラムを作る。

図7-2-6 完成したプログラム

∗

実行すると、「ステージ画面」の下に「入力画面」が出るので、ここに漢字の「右」を入力する。

図7-2-7 漢字の「右」を入力

「エンターキー」を押すと、「右」の漢字がリストの一番目に格納される。

さらに、漢字の「左」「円」「音」「犬」「花」を順次入力すると、**次図**の「漢字リスト」が作られる。

図7-2-8 漢字リストが作られる

■「リスト」の漢字を「音訓」で表示

「リスト」に漢字が格納されたので、この漢字の音訓をネコに言わせる「対話的」なプログラムを作ろう。

手 順 漢字の音訓をネコに言わせる

[1] まず、1番目の「右」の漢字の音訓を入力画面に入力するため、**「(What's your name?)と聞いて待つ」ブロック**を「コード・エリア」にドラッグ。

[2] さらに、「演算」から「appleとbanana」ブロックを「コード・エリア」にドラッグ。

ここで、このブロックに「リスト」の1番目の漢字を音読みするためのブロックとして、「変数」を選択後、**「漢字リストの(1)番目」ブロック**を「コード・エリア」にドラッグ。

[3] ドラッグ後、このブロックを「apple」に挿入し、残る「banana」には、「の音読み」と入力。

そして、このブロックを**「(What's your name?)と聞いて待つ」ブロック**に挿入する。

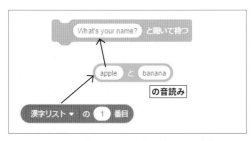

図7-2-9　ブロックの内容を変更して挿入

[4] さらに、この音読みした「内容」をスプライトのネコの口から表示するために、**「(こんにちは!)と3秒言う」ブロック**を「コード・エリア」にドラッグし、このブロックの「(こんにちは!)」の箇所に「答え」を挿入する。

図7-2-10　「(こんにちは!)」に「答え」を挿入

＊

これらのブロックを結合すると、「音読み」表示のプログラムが完成する。

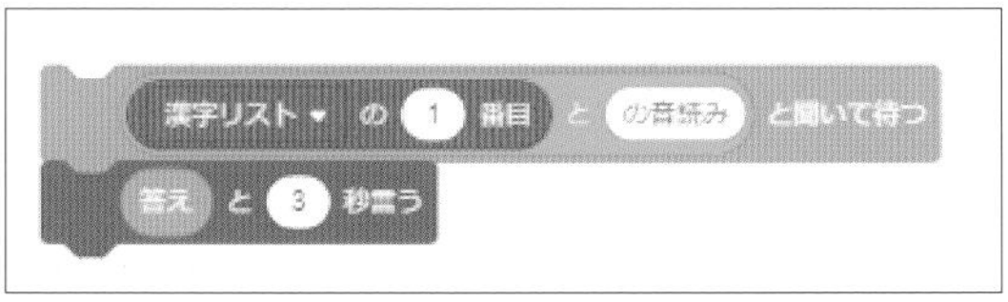

図7-2-11　完成した「音読みプログラム」

[5] 同じ操作を「訓読み」表示のプログラムを完成するためにも行なう(説明省略)。

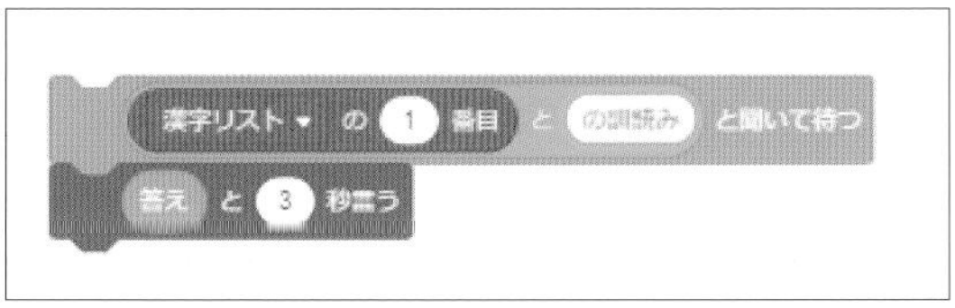

図7-2-12　完成した「訓読みプログラム」

準備ができたので「対話的なプログラム」を作成しよう。

手　順　**「対話的なプログラム」を作る**

[1] この「対話的イベント」を実行する際は注意が必要である。

すでに「リスト」にデータを入力する専属のプログラムが作られているので、新たなイベントプログラムとして**「スペースキーが押されたとき」ブロック**を「コード・エリア」にドラッグし、このブロックの下に音訓のブロックを結合する必要がある。

＊

また、「データ入力をするプログラム」と、「データを読み込むプログラム」を別々に作る。

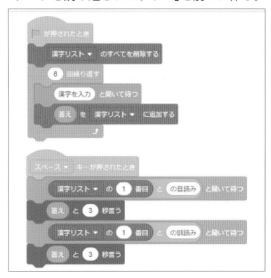

図7-2-13　「スペースキーが押されたとき」ブロックの下に「音訓のブロック」を結合

[2] **「スペースキーが押されたとき」ブロック**をクリックし、実行。

1個目の「右の音読み」を聞いてくるので、「う」を入力すると、「ネコの口」から「う」が表示される。

3秒後に「右の訓読み」を聞いてくるので、「みぎ」と入力する。

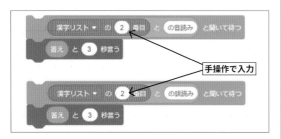

図7-2-14　音読みを聞く(上)、音読みを表示する(中)、訓
　　　　　読みを聞く(下)

これで1番目の漢字「右」の音訓が表示できた。

[3] 次に「左」の音訓読みは、プログラムの中の
番号を手操作で「2」に変える。

図7-2-15　手操作で「2」に変更

＊

実行すると、「漢字リスト」の2番目の漢字が
読み込まれ、3秒おきに「音訓」が表示される。

■音訓を番号順に自動的に読む

このように、いちいち番号を手操作で変え、実
行するのは非効率なので、次に、自動的に「番号
順に音訓を読むプログラム」を作ろう。

手 順　自動的に音訓を読むプログラム
. . . .
[1] 音訓を自動的、かつ番号順に読むために必
要な変数、「番号」を作る。

新しい変数名として「番号」を指定後、「OK」を
押す。

図7-2-16　変数名として「番号」を入力

[2] 6個の単語を読むために、「繰り返し」の制御
ブロックをドラッグし、数値を「6」に変更する。

図7-2-17　「繰り返し」ブロックの数値を「6」に変更

[3] この「繰り返し」の制御ブロックに、**図7-2-15**のプログラムを挿入する。

ただし、2つの「漢字リスト」の数値「1」は変数の「番号」に変更する（**図7-2-18**）。

[4] 新たな追加ブロックとして、**「番号を (1) ずつ変える」ブロック**は必ず挿入する。

このブロックにより、リスト表から番号が1ずつ読み取れるからである。

図7-2-19 「番号を(1)ずつ変える」ブロックは必ず挿入

[5] これらを組み込んだプログラムを作る。

図7-2-20 完成したプログラム

∗

実行するため**「スペースキーが押されたとき」ブロック**をクリックすると、キーボードからの音訓の入力に応じて、漢字の音訓が3秒おきに表示される。

各自実行しよう。

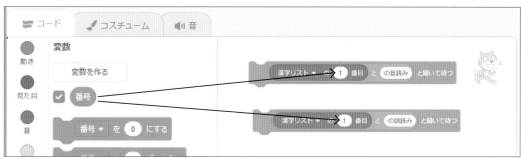

図7-2-18 数値「1」は「番号」に変更

7-3　「リスト」から読み込もう

7-2節で、音訓の「答え」を自らキーボードで入力した。

本節では、「音訓リスト」を作り、音訓の答えも、「音訓リスト」から読み込もう。

■音訓リストの作成

最初に、「音読みリスト」を作ろう。

＊

手　順　「音読みリスト」の作成

[1] まず、「変数」の「リストを作る」をクリックし、リスト名として「音読みリスト」を指定。「OK」をクリック。

図7-3-1　リスト名に「音読みリスト」を指定

[2] ステージ画面に「音読みリスト」が表示されるので、手操作で「音読み」を入れよう。

「漢字リスト」は**7-2節**の**図7-2-8**で作成済みである。

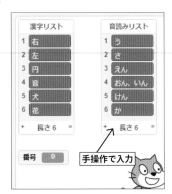

図7-3-2　手操作で音読みを入れる

[3] 同じ操作で、「訓読みリスト」を作り、手操作で「訓読み」を入力。

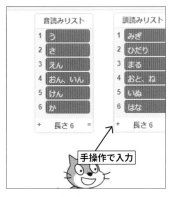

図7-3-3　手操作で訓読みを入れる

＊

なお、「音訓リスト」のデータをプログラムで入力する場合は、**7-2節**を参照して作る。

■漢字の音訓の答えの表示

作成した漢字の音訓の答えをリストから読み込む際に、「ネコの口」から「音訓の答え」を3秒おきに表示するプログラムを作ろう。

ただし、「音訓」を「考え」て、「答える」時間は各自調整すること。

＊

このプログラムでは、リストにある漢字がどのくらいの数か分からないので、「制御」の**「繰り返し」ブロック**の数値には**「漢字リストの長さ」ブロックを**挿入する（**図7-3-4**）。

この措置によって、リストにデータがある限り、「音訓読み」は繰り返される。

この「繰り返し」の制御ブロックの間に入れるブロックは、今までのプログラムで作成済みなので説明は省略する。

ただし、読み込むリスト名は「漢字リスト」「音読みリスト」「訓読みリスト」に変更していることに注意する。

図7-3-4　「繰り返し」の数値には「漢字リストの長さ」ブロックを挿入

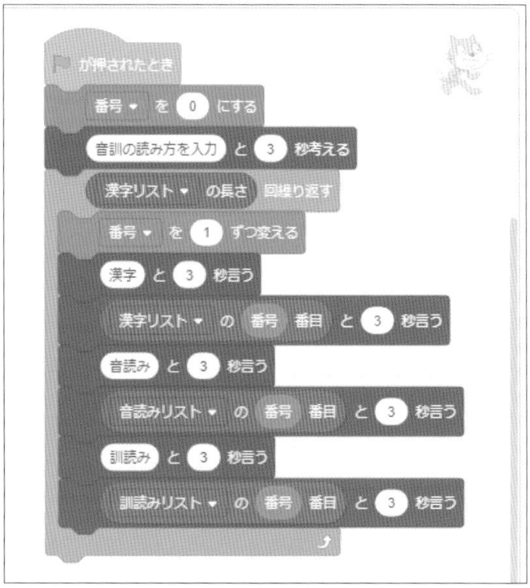

図7-3-6　「漢字」と「音訓読み」が順次表示される

図7-3-5　完成したプログラム

＊

実行しよう。

「ネコの口」から「漢字」と「音訓読み」が順次表示される。

ネコの位置は、マウスで適当な位置に置くか、「スプライト・リスト」で設定する。

7-4　「熟語」の「音訓読みテスト」に挑戦

今までは、漢字一語の音訓読みに挑戦してきた。

本節では、熟語の音訓読みと、その読みが正解かどうかを判定するプログラムの作成に挑戦する。

このプログラムは他の分野の試験にも応用できるのでぜひマスターしよう。

■漢字の「熟語」と「音読み」をリストに記述

「熟語」と「音読み」の2つのリストを作り、2つのリストに手操作か、あるいはプログラムで「熟語」と「音読み」をそれぞれ5個記述する。

図7-4-1 「熟語」と「音読み」のリストを作る

■解答プログラムの作成

次に、正解の「音読み」の読み方を隠してテストを行ない、その解答が正解かどうかを判定するプログラム作ろう。

手 順 解答プログラムを作る

[1] 最初に、「熟語」読みのテストを受けた人の「解答」を記述するリストを作る。

その際、解答リスト内にあるものはすべて削除する(初期化)。

[2]「音読みリスト」を作って正解の読み方を記述。
これは解答が終わるまで隠す。

[3] テスト問題は「熟語リスト」の長さから5問と分かるので、「5回繰り返し」の制御ブロックを「コード・エリア」にドラッグする。

数値の「5」の代わりに「(熟語)の長さ」ブロックを挿入。

[4] キーボードから熟語の読み方を記述するため、「( )と聞いて待つ」ブロックを「コード・エリア」にドラッグする。

「( )」に「音読みをひらがなで記述」と入れ、ネコに言わせる。

[5] 入力された「解答」は、「答え」ブロックに格納される。

この「答え」は、「( )を「解答」に追加」ブロックの「( )」に挿入される。

[6] [2]で隠していた音読みを、テストの終了後、5秒後に表示する。

[7] [1]〜[6]を組み込んだプログラムを作る。

図7-4-2 完成したプログラム

＊

実行すると、まず「梅雨」の読み方を聞いてくるので、「ばいう」と入力する。

図7-4-3 読み方を入力

記述後、エンターキーを押すと「ばいう」がリストに入る。

すべての熟語の読み方を記述しよう。

図7-4-4　すべての熟語の読み方を記述する

■「判定プログラム」の作成

5問の熟語の「解答」リストと正解の「音読み」のリストが出来たので、この「解答」が正解かどうかを判定するプログラムを作ろう。

手 順　判定プログラムを作る

[1] 判定条件を実行する「イベント」として、「ブロック・パレット」から**「スペースキーが押されたとき」ブロック**を「コード・エリア」にドラッグする。
「解答プログラム」のイベントと区別するためである。

[2] 変数を作るため、「ブロック・パレット」の「変数を作る」をクリックし、変数名を「a」とする。

変数作成後、「ブロック・パレット」の**「aを1にする」ブロック**を「コード・エリア」にドラッグし、「変数定義」をする。

[3] 5問判定するので、5回に変更した繰り返し制御ブロックを挿入する。

[4] 「解答」と「音読み」を比較判定するため、「ブロック・パレット」の条件分岐処理ブロックの**「もし（　）なら、～でなければ」ブロック**を「コード・エリア」にドラッグする。

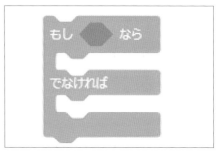

図7-4-5　「もし（　）なら、～でなければ」ブロックをドラッグ

[5] 判定条件を作るため、「演算」のイコールブロックを「コード・エリア」にドラッグする。

等式の左側に「解答リスト」から**「解答の（　）番目」ブロック**を挿入し、右側に「音読みリスト」から**「音読みの（　）番目」ブロック**を挿入。
そして、「（　）」に「変数a」を入れる。

図7-4-6　判定条件のブロック

この判定条件のブロックを、条件分岐処理ブロックの六角形の穴に挿入する。

[6] 判定条件が合った場合のプログラムを作るため、**「（　）と言う」ブロック**を「条件分岐処理ブロック」に入れる。
「（　）」に「正解」を入れる。

[7] 「リスト」の問題の判定が終わったので、次の問題に進むために「ブロック・パレット」の**「aを1ずつ変える」ブロック**を「条件分岐処理ブロック」に入れる。

[8] 判定条件が合わなかった場合のプログラムを作るため、「ブロック・パレット」から**「（　）と言う」ブロック**を「コード・エリア」にドラッグ。

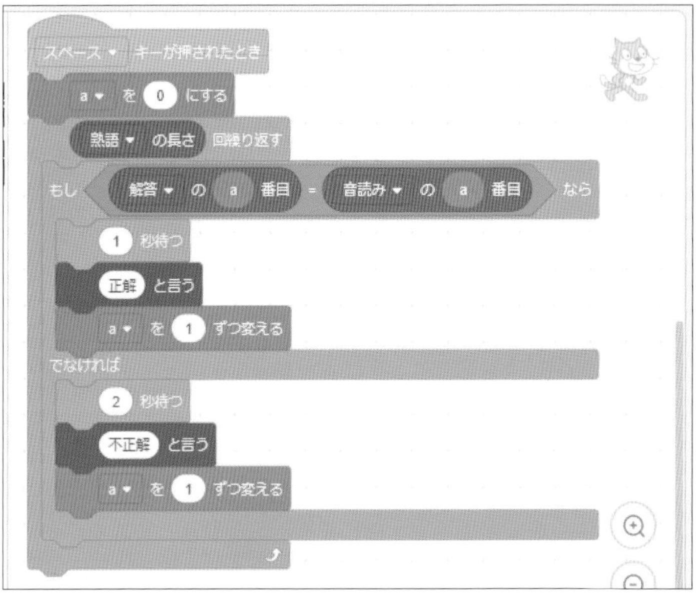

図7-4-7 完成したプログラム

図7-4-8 実行結果

カッコ内に「不正解」を記述する。

[9] 次の問題に進むために、**[7]** と同様に「ブロック・パレット」の**「a を 1 ずつ変える」ブロック**を「条件分岐処理ブロック」に入れる。

[1] 〜 **[9]** まで組み込んだプログラムが**図 7-4-7** である。

＊

すでに解答が表示されているので、「スペースキー」を押すと、瞬時に「ふきだし」に判定が表示される。

■「判定表」の作成

判定はネコから次々に表示されるので、忘れてしまう。

そこで、「判定表」を用意しよう。

そのための追加措置を、以下で見ていく。

手 順 「判定表」を作る
. . . .
[1]「判定表」のリストを作る（各自作成）。

[2]「判定結果」をリストに入れるために、条件分岐処理ブロックの「正解」と「不正解」を表示するブロックの後に、「ブロック・パレット」**から「（　）を判定表に追加する」ブロック**を挿入。

「（　）」に「正解」と「不正解」を入れる。

図7-4-9　正否両パターンのブロック
. . . .

＊

プログラムを実行すると、「判定表」に判定結果が順次表示される。

7-5	「スコア」（採点）の表示

最後に、テストの結果を採点するプログラムを作ろう。

手 順 採点プログラムを作る
. . . .
[1]「変数」として「点数」を作る。

[2]「ブロック・パレット」から**「（　）を1ずつ変える」ブロック**を、条件分岐処理ブロックの正解処理の最後に挿入する。

このブロックを入れることによって、正解の場合、点数が「1」ずつ加算される。

図7-4-10　「判定結果」が「判定表」に表示される

[3]「（　）」に「点数」を選択。

図7-5-1　「（　）を1ずつ変える」ブロックに「点数」を設定

＊
　完成したプログラムが**図7-5-2**である。
　スペースキーを押すと、正解が表示されるたび点数が表示され、最後に採点結果の3点が表示される。

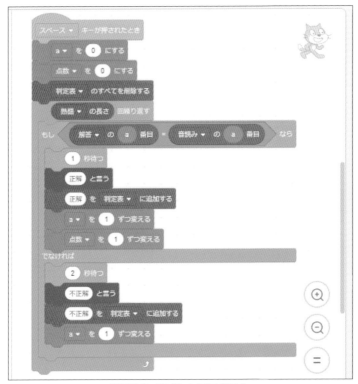

図7-5-2　完成したプログラム

図7-5-3　採点結果が表示される

第8章

社会をデータから見てみよう

社会はどのような特徴をもっているのであろうか。

本章では、さまざまなデータから「人口」や「面積」のデータなどを取り出し、社会の特徴を見ていこう。

8-1 「データ処理」の操作手順

一般に、「データ処理」はどのように行なわれるのであろうか。

その操作手順を見てみよう。

＊

まず、目的に応じて必要なデータを収集し、保存する（**データの収集・保存**）。

次に、この「収集・保存」したデータを読み込み、目的に応じて「分析・加工」する（**データの分析・加工**）。

最後に、この「分析・加工」したデータの結果を抽出する（**結果の抽出**）。

＊

このような「**データの収集・保存**」「**データの分析・加工**」「**結果の抽出**」という一連の作業を「**データ処理**」という（図8-1-1）。

8-2 データの収集・保存（県名）

日本の国土は47都道府県に分けることができる。

本章では、この47都道府県のうちから、分析対象として東北6県を取り上げ、県名のデータを作る。

■東北6県の「県名データ」の「収集・保存」

メモ帳を開き、東北6県の県名を書き込もう。

図8-2-1　東北6県の県名を書く

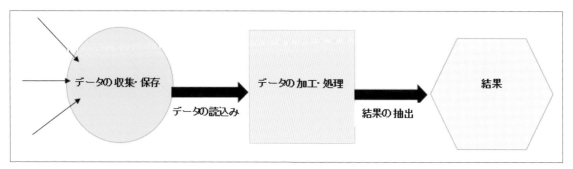

図8-1-1　データ処理の手順

メモ帳には6県の「県名」しか書き込まれていない。

他に「人口」「面積」なども書き込みたいが、それはできない。

「Scratch3.0」では保存したデータを読み込む場合、「一列」(一カラム)しか読み込めないからである。
(旧バージョンの「Scratch2.0」では、カラムを指定すれば何個でも読み込めた)。

このデータを、テキスト文書としてファイル名「touhoku.txt」で指定のフォルダに保存する。

しかし、このままの設定では読みこむ際に文字化けするので、文字コードとして「**UTF-8**」を選択しよう。

※「UTF-8」は文字を決めるコード規格の一つで、世界の標準規格と言われている。

図8-2-2　ファイル名と文字コードを指定して保存

■「リスト」の作成

この保存したデータをスクラッチのリストに読み込むため「リスト」を作る。

「ブロック・パレット」の「変数」を選択後、「リストを作る」をクリックする。
画面のリスト名は「東北6県」とし、「OK」を押す。

すると、ステージ画面に東北6県の「リスト」

が表示される。

図8-2-3　東北6県の「リスト」が表示される

■データの読み込み

手　順　「リスト」にデータを読み込む

[1]東北6県の「県名データ」をリストに読み込むため、リスト上でマウスを右クリックする。

[2]出てきた画面の「読み込み」をクリックする。

図8-2-4　「読み込み」をクリック

[3] 都道府県のデータを保存している保存先のフォルダを開き、ファイル名を指定する。
指定後、「開く」をクリックする。

図8-2-5　データを開く

[4] ステージ画面の「リスト」に東北6県の県名データが表示される。

図8-2-6　県名データが表示される

8-3 データの収集・保存(人口)

次に、東北6県の「人口データ」を作ろう。

■東北6県の「人口データ」の「収集・保存」

「メモ帳」を開き東北6県の「人口データ」を、「県名ファイル」とは別のファイルで作る。

図8-3-1　「人口データ」のファイルを作成

このファイルを保存先のフォルダにファイル名「jinkou.txt」として保存する。

■「リスト」の作成

この「人口ファイル」を「リスト」に読み込むため、新しい「リスト」を作る。

リスト名を「人口」と入力する。

「OK」を押すと、自動的に「人口」の「リスト」が、「ステージ画面」に表示される。

この「人口リスト」を、「県名リスト」の右横に配置する。

図8-3-2　「人口リスト」を設置

■データの読み込み

次に、この空のリストに、「人口データ」を読み込む。

リストを右クリックして、出てきた画面から「読み込み」をクリックする。

その後、人口データを保存したフォルダを開き、ファイル名「jinkou.txt」をクリック。

すると、「リスト」に東北6県の人口が表示される。

図8-3-3　東北6県の人口が表示される

＊

「人口データ」は区切りのカンマを省略して保存しているので、読みにくい。

それでも省略しているのは、カンマが入ると区切りと認識され、読み込めないからである。

8-4　データの収集・保存（面積）

東北6県の「面積データ」を作ろう。

■東北6県の「面積データ」の「収集・保存」

メモ帳を開き、東北6県の「面積データ」を作る。面積の単位は「km²」である。

```
無題 - メモ帳                    ─   □   ×
ファイル(F)  編集(E)  書式(O)  表示(V)  ヘルプ(H)
9646
11638
15275
7282
9323
13784
```

図8-4-1　東北6県の「面積データ」

このファイルを、保存先のフォルダにファイル名「menseki.txt」として保存する。

■「リスト」の作成

この「面積ファイル」を「リスト」に読み込むため、新しい「リスト」を作る。

リスト名を「面積」と入力。

「OK」をクリックすると、自動的に「面積」の「リスト」が「ステージ画面」に表示されるので、この「面積リスト」を「人口リスト」の右横に配置する。

■データの読み込み

次に、この空（カラ）の「リスト」にデータを読み込むため、リストを右クリックする。

出てきた画面から「読み込み」をクリック後、「面積データ」を保存していたフォルダを開き、ファイル名「menseki.txt」をクリック。

東北6県の「県名」「人口」「面積」の3つのデータがリストに表示される。

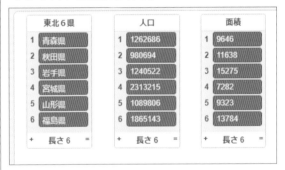

図8-4-2　「県名」「人口」「面積」がリストに表示される

8-5　データの分析・加工（東北6県の総人口）

データの「リスト」への「収集・保存」ができたので、これを使って次の3つの「データ分析・加工」をしてみよう。

①東北6県の総人口の導出
②人口の最小県の導出
③面積の最小県の導出

本節では、「データ分析・加工」の定番である、「東北6県の総人口」の導出をしよう。

■東北6県の総人口の導出

　6県の「人口データ」を保存している「リスト」から人口の総合計を導出するため、まず総合計を出す公式を見てみよう。

　これは、リストの県人口を1つずつ足すことで求められる。

> 1県の合計　＝　「リスト」の1番目の人口
>
> 2県の合計　＝　「リスト」の2番目の人口　＋　1県の合計
>
> 3県の合計　＝　「リスト」の3番目の人口　＋　2県の合計
> 〜〜〜〜〜〜〜〜〜〜
> 6県の合計　＝　「リスト」の6番目の人口　＋　5県の合計

　いま県数をn個とすると、総合計の公式は次の一般式で表示できる。

> n県の合計　＝　n番目の人口　＋　n−1番目までの合計人口

■プログラムの作成

　この式を組み込んだプログラムを作ろう。
　以下で、その手順を見ていく。

手　順　人口の総合計を導出する

[1] プログラムを作るため、まず変数として「合計」と回数の「n」を作る。

[2] 続いて、プログラムではこの式を「県数」の6回繰り返すことで総合計を導出できる。

　よって、合計を出すため、「制御」から**「10回繰り返す」**ブロックを「コード・エリア」にドラッグ。
　回数「10」は、「人口の長さ」に変え、さらに回数を順次変えるため、**「nを1ずつ変える」**ブロックを挿入。

図8-5-1　繰り返し部分を作る

[3] 「コード・グループ」から「変数」を選択後、**「合計を0とする」**ブロックを「コード・エリア」にドラッグする。

[4] 続いて、**「足し算」**ブロックと**「人口の1番目」**ブロックを「コード・エリア」にドラッグする。
　このうち、**「人口の1番目」**ブロックの数値「1」を変数「n」に変え、このブロックを**「足し算」**ブロックの左側に挿入。
　右側には変数「合計」を挿入する。

[5] 挿入後の**「足し算」**ブロックを**「合計を0とする」**ブロックの「0」の箇所に挿入。

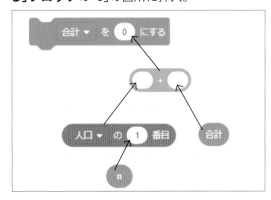

図8-5-2　合計の公式の作成

[6] このブロックを繰り返し制御ブロック内に挿入。

＊

　実行すると、人口の総合計が表示される。

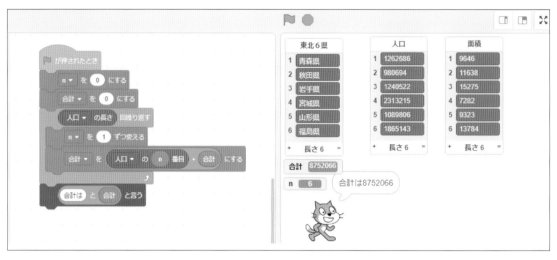

図8-5-3　完成したプログラムとその実行画面

8-6　データの分析・加工
（人口の最小県の導出）

　さらに東北6県の特徴を見るため、人口の比較、面積の比較などをしてみよう。

　ここでは、比較として東北6県のうち人口が最少の県の値を導出する。

■比較のための準備（変数の作成と定義）

　人口を比較するのに必要な3つの「変数」として、「最小値」「現在地」「要素の数」を作る。

　そして、その「変数」に具体的数値を次のように設定する。

①「最小値」には、「人口の1番目」の値を格納

②比較に必要な「現在地」には、最初は数値の「2」を格納（プログラム中、この現在地の数値は「1」ずつ変わる）

③「要素の数」には、「6」を格納（県数に対応している）

　次に、使う「変数」の定義をしておこう。

手順　「変数」を定義する

[1] 最初に「（変数）を0にする」ブロックを「コード・エリア」にドラッグし、「変数」を「最小値」に変える。

[2]「最小値」を定義するため、「（人口）の1番目」ブロックを「コード・エリア」にドラッグし、「最小値を0にする」ブロックの「0」の箇所に挿入。

図8-6-1　「人口の1番目」ブロックを「最小値を0にする」ブロックに挿入

[3] さらに、比較地の変数定義のため、「現在地を0にする」ブロックを「コード・エリア」にドラッグ後、ブロックの数値を「2」に変える。

[4] 続いて、「要素の数を0にする」ブロックを「コード・エリア」にドラッグ後、数値を「6」に変える。

図8-6-2 「現在地を0にする」ブロックと「要素の数を0にする」ブロックの数値を変える

✻

続いて、最小県を出すためのプログラムを作ろう。

最初に、比較する回数を設定するプログラムを見ていく。

比較する際は、要素から「1」を引いた回数だけ比較する。

なぜなら、上から1つずつ比較していくと、最後の要素は比較しなくて済むからである。

手 順　比較回数を設定するプログラム

[1]「制御」の「10回繰り返す」ブロックと、「演算」の「引き算」ブロックを「コード・エリア」にドラッグする。

[2]「引き算」ブロックの左側に変数の「要素の数」を挿入して「要素の数－1」に変える。

[3]「要素の数－1」ブロックを「（　）回繰り返す」ブロックの「10」の箇所に挿入する。

図8-6-3 「（　）回繰り返す」ブロックに「引き算」ブロックを挿入

次に、県人口の数値を比較する「判定条件」を設定する。

手 順　判定条件を設定するプログラム

[1]「もし（　）なら」ブロックと6角形の「不等号」ブロックを「コード・エリア」にドラッグする。

[2]「不等号」ブロックの左側には変数の「最小値」を挿入し、右側には「人口の（1）番目」ブロックを挿入する。

ただし、「1」には「変数」の「現在地」ブロックを挿入しておく。

[3] 挿入済みの「不等号」ブロックを、条件分岐処理ブロックの六角形の箇所に挿入する。

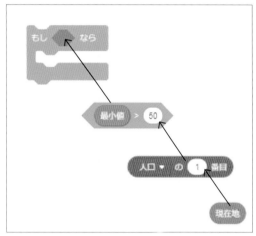

図8-6-4　ブロックを順次挿入する

[4] 挿入後、条件分岐処理ブロックは次のようになる。

図8-6-5　完成した条件分岐処理ブロック

ブロックには、もし「最小値」が「（人口）の（現在地）番目」より大きいなら、という条件が挿入される。

続いて、条件に合致した場合の処理を作る。

手順　処理の設定

[1] まず、条件に合致した場合の処理を作る。

「変数」から**「最小値を人口の(現在地番目)にする」**ブロックを、条件分岐ブロックの処理内に挿入。

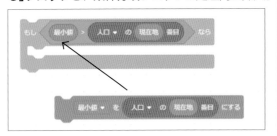

図8-6-6　「最小値を人口の(現在地番目)にする」ブロックを挿入

[2] 次に、条件に合致しない場合の処理を作る。

「変数」から**「現在地を1ずつ変える」ブロック**を「コード・エリア」にドラッグし、条件分岐処理ブロックの箇所に挿入。

図8-6-7　「現在地を1ずつ変える」ブロックを挿入

このブロックを組み込むことで、次の「人口データ」の比較に進むことができる。

個々のブロックを結合すると、**図8-6-8**の完成プログラムができる。

■プログラムの実行

最小の人口値が「ステージ画面」の変数「最小値」の箇所に表示される。

図8-6-9　最小の人口値が表示される

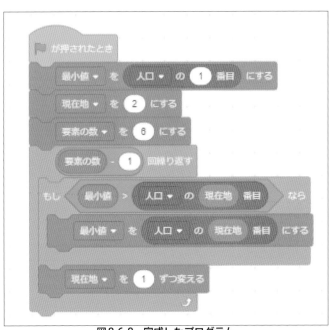

図8-6-8　完成したプログラム

8-7	データの分析・加工 (県名の表示)

人口を基準に最小県の最小値を求めてきたが、数字のみ表示され、どの県が最小値か分からない。

そこで、同時に県名まで表示する拡張プログラムを作ろう。

そのために、新たに「最下位県」という「変数」を作る。

手 順 「最下位県」の導出プログラムの作成

[1] 作った「変数」に最小県の最小値を入れるため、「(最下位県)を0にする」ブロックを「コード・エリア」にドラッグする。

[2]「(東北6県)の(1)番目」ブロックをドラッグして、「1」に、「現在地」を挿入する。
(「現在地」は、人口の比較で導出した最小値を入れた番号である)

[3]「(最下位県)を0にする」ブロックの「0」の箇所に、「(東北6県)の(現在地)番目」ブロックを挿入。

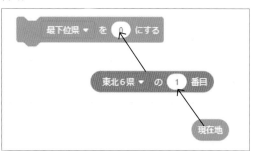

図8-7-1　順次ブロックを挿入していく

挿人後のブロックは次のようになる。

図8-7-2　「最下位県」導出プログラム

このブロックで最下位県が変数に格納される。

＊

続いて、最下位県をネコの「ふきだし」に表示するためのプログラムを作っていく。

手 順 「最下位県」の表示プログラムの作成

[1] 最下位県を「ステージ画面」のネコに言わせるため、「(こんにちは!)と言う」ブロックと「apple と banana」ブロックを「コード・エリア」にドラッグする。

[2] ブロックの「apple」には、「人口の一番少ない県は」と入力し、「banana」には変数の「最下位県」を挿入。

[3] さらに、このブロックを「(こんにちは!)と言う」ブロックに挿入。

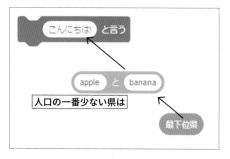

図8-7-3　ブロックを挿入

＊

挿入後のブロックは次のようになる。

図8-7-4　「最下位県」表示プログラム

＊

これらのすべてのブロックを**図8-6-8**のプログラムに挿入すると、**図8-7-5**の「完成したプログラム」となる。

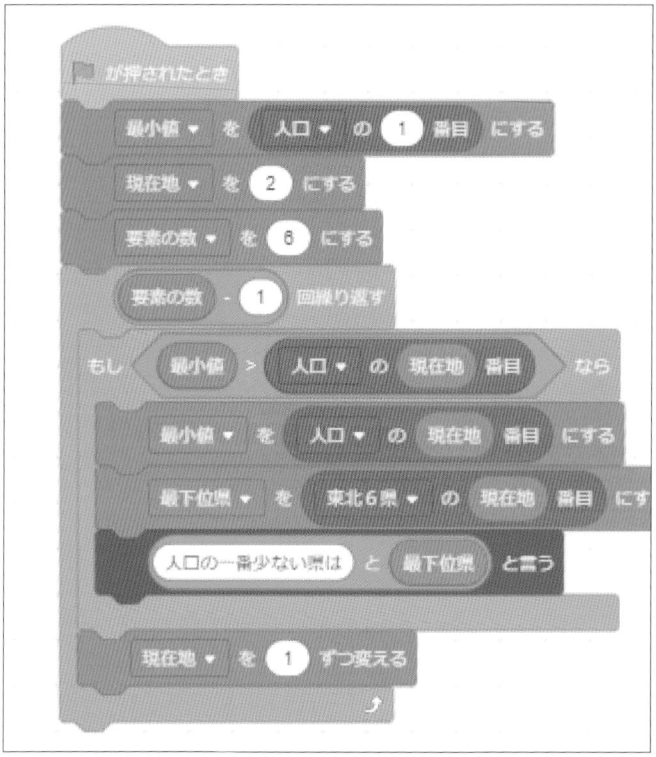

図8-7-5　完成したプログラム

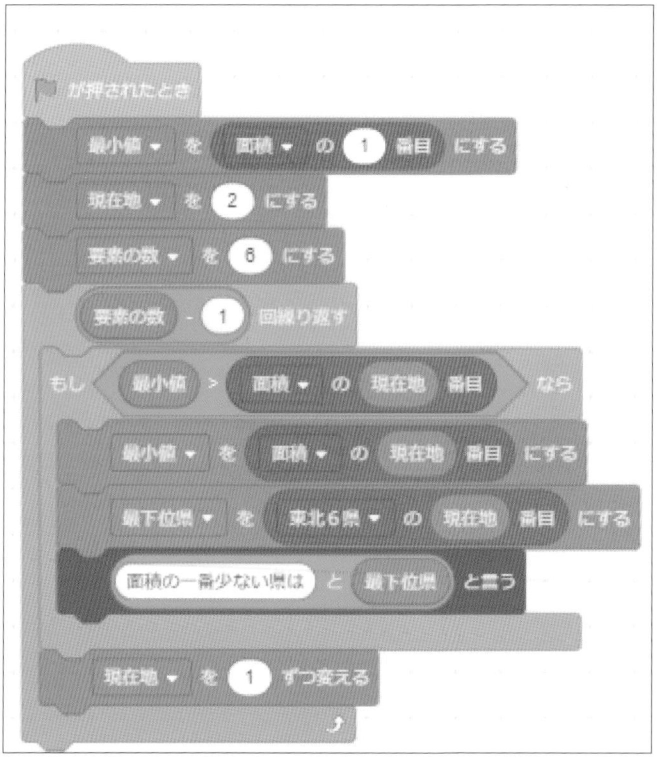

図8-8-1　面積が最小の県を導出するプログラム

■プログラムの実行

実行してみよう。

図8-7-6　プログラムの実行結果

人口の最小値が表示されると、連動して「ネコの口」から最小値の県名が表示されるので、分かりやすくなっている。

反対に、人口が最大である県を導出するには、変数の「最小値」を「最大値」に変更し、「最下位県」を「最上位県」に変えて、「判定条件」の判定記号を逆の不等号「＜」に変更すればよい。

8-8　データの分析・加工4（面積の最小県の導出）

次に、「面積」を基準に東北6県のうち面積が最小の県を導出しよう。

導出方法は **8-6節**、**8-7節** とほぼ同じなので、結果のプログラムのみを表示する（**図8-8-1**）。

＊

実行しよう。

図8-8-2　実行結果

面積の最小県の導出と連動して、「ネコの口」から「最小値」の県名が表示される。

＊

面積が最大である県を導出する場合は、変数の最小値を最大値に変えて、最下位値を最上位値に変更し、「判定条件」の判定記号を逆の不等号「＜」に変更すればよい。

8-9　結果の抽出（人口比率の抽出）

「面積」「人口」のデータを「分析・加工」して特徴が分かったので、データの「結果の抽出」をしてみよう。

＊

最初に、「人口比率」の結果のみを見てみる。

■人口比率の公式

人口比率の公式は、東北6県の合計で各県の人口を割ることで求まる。

各県の人口比率　＝
各県の人口　÷　東北6県の人口合計

この公式を組み込んだプログラムを作ろう。

■リストの作成

そのため、人口比率の計算結果を格納するリストを作る。

新しいリスト名は「人口比率」とする。

「新しいリスト」画面で「OK」を押すと、ステージ画面に4つ目のリストが完成する。

■プログラムの作成

手　順　人口比率の抽出プログラムを作る

[1] 人口比率の公式を作るため、**「(なにか)を人口比率に追加する」**ブロックを「コード・エリア」にドラッグする。

[2] さらに、**「割り算」**ブロックと**「人口の1番目」**のブロックも「コード・エリア」にドラッグする。

[3] **「人口の1番目」**ブロックの「1」を「n」に変えた後、**「割り算」**ブロックの分子に挿入。
　分母には変数の「合計」を挿入する。

[4] 挿入後のブロックを、**「(なにか)を人口比率に追加する」**ブロックの「なにか」の箇所に入れる。

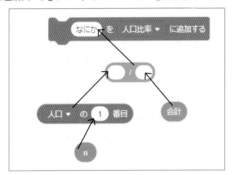

図8-9-1　ブロックを順次挿入していく

コード画面では、合計のプログラムの横に、新

たに人口比率のプログラムを作っている（**図8-9-2**）。

人口比率の計算を実行するイベントブロックは**「スペースキーが押されたとき」**ブロックになっていることに注意する。

合計を出すイベントプログラムの実行と区別するためである。

■プログラムの実行

実行するには、**「緑の旗が押されたとき」**ブロックを押し、その後、東北6県の人口合計を出してから、**「スペースキーが押されたとき」**ブロックをクリックする。

図8-9-3　人口比率が導出された

人口比率は、仙台市を抱えている宮城県が「0.264」（26.4%）と圧倒的に高いことが分かる。

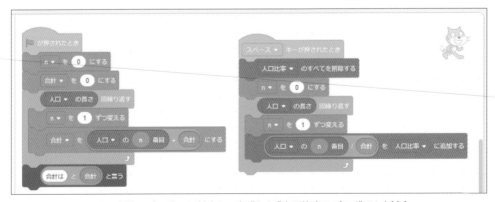

図8-9-2　合計のプログラム（左）と、完成した「人口比率のプログラム」（右）

8-10　結果の抽出（順位結果の抽出）

「結果の抽出」でいちばん関心のあるのは、東北6県の番付表、つまり、どの県が東北6県のトップで、どこが最下位なのかである。

これを知るためには、データの「順位付け」を行なう必要がある。

そして、「順位付け」をするためには「ソート・プログラム」の作成が必要だ。

ここでは、人口の「順位付け」の「ソート・プログラム」と結果のみを見てみよう。

> ※「ソート・プログラム」は、かなり高度なプログラム作成能力が必要なので、「**補論1**」で詳しく説明する

■人口の「順位付け」ソート・プログラムの作成

使用した「定義ブロック」付きのプログラム（「バブル・ソート」のみ）を提示しておく（**図8-10-1**）。

＊

実行しよう。

図8-10-2　実行結果

人口を昇順に並べている表から、人口の最小県は「秋田県」で、人口比率も低く過疎化が進んでいることが分かる。

それに対して、「宮城県」は人口もダントツに多く、人口比率も圧倒的に大きい。
仙台を抱える宮城県に一極集中が進んでいることが分かる。

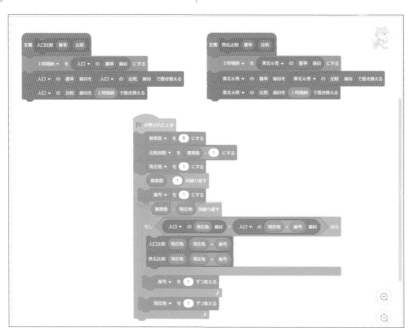

図8-10-1　「順位付け」ソート・プログラム

I　基礎知識

II　活用事例

III　遠隔教育

第9章

「逐次処理」と「並列処理」

今まで、「スプライト」は、4章を除いて1個のみ使ってきた。
だが、スクラッチの大きな長所は、多数のスプライト同士が独立で動く、「並列処理」ができる点にある。

この、スクラッチの「並列処理」について説明しよう。

9-1 四則演算の「逐次処理」と「並列処理」

簡単な四則演算の計算例から、「逐次処理プログラム」と「並列処理プログラム」の差異を見てみよう。

■逐次処理プログラム

四則演算のため、「（　）と2秒言う」ブロックを4個、「コード・エリア」にドラッグする。

この「（　）」の中に、「演算」から4個の「足し算」「引き算」「掛け算」「割り算」の値ブロックを順次挿入すると、「逐次処理プログラム」が完成する。

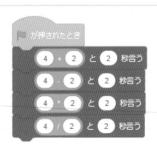

図9-1-1　「逐次処理プログラム」が完成

実行すると、2秒おきに計算が順次行なわれ、計算結果が「ネコの口」から表示される。

このように、「逐次処理」は1個のスプライトで四則演算という一つの処理を、一つずつ順番に処理する方法である。

■並列処理プログラム

続いて、四則演算を「並列処理」してみよう。

手 順　四則演算の「並列処理」

[1]「ネコ」「イヌ」「アヒル」「カエル」の4個のスプライトを作り、この中に4個の四則演算の計算式を1つずつ記述する。

そのために、スプライトの追加機能から、スプライトを4個作る。

＊

「スプライト」（オブジェクト）を簡単に作ることができるのも、「スクラッチ」の大きな魅力の一つである。

図9-1-2　スプライトを4個作る

[2] 各スプライトに四則演算の計算式を一つず
つ組み込むプログラムを作るため、各スプライ
トをクリック後、「（　）と言う」ブロックを4個、
「コード・エリア」にドラッグする。

[3]ドラッグ後、「（　）」の箇所に四則演算の「値
ブロック」を順次挿入する。　ネコは「足し算」、犬
は「引き算」、アヒルは「掛け算」、カエルは「割り
算」を入れる。

図9-1-3　四則演算の「値ブロック」を挿入

＊

　実行するため、「緑の旗」のアイコンをクリッ
クすると、プログラムが「並列処理」されて、結
果が一斉に表示される。

図9-1-4　実行結果が一斉に表示される

9-2 「並列処理」における「プロセス間通信」(「共有変数」を使う)

　一斉に計算結果が「並列処理」されたが、スプ
ライト同士はなんら相互関係がなく、独立して
プログラムが処理されている。

　これは、たとえば各スプライト1個ずつのプ
ログラムを実行して計算させても、他のスプラ
イトの計算に影響しないことから分かる。

＊

　では、「並列処理」で独立して動作するスプラ
イト同士を相互に関連させて動かすには、どの
ような方法（専門的には「プロセス間通信」と言
う）があるだろうか。

　「プロセス間通信」の方法には、(a) 変数を使
う「共有変数を利用する方法」と、(b) メッセー
ジを使う「メッセージを送り通信する方法」——
の2つがある。

図9-2-1　「プロセス間通信」の2つの方法

＊

　最初に、「共有変数を利用する方法」を見てみ
よう。

■「共有変数を利用する方法」の設定

　「共有変数を利用する方法」は、「変数」を作る
際に表示される (a)「すべてのスプライト用」と
(b)「このスプライトのみ」のうち、(a) の「すべ
てのスプライト用」を選択する方法である。

＊

　今までは「スプライト」が1個のみであったの
で、「変数」を使う場合でも厳格に選択する必要

がなく、デフォルトのままとしていた（**2章**参照）。

しかし、多数のスプライトを使う場合、この両者のいずれかを選ばなければならない。

したがって、変数を使った「プロセス間通信」、すなわち多数のスプライトを関連させて、動かすために、変数を共有できる「すべてのスプライト用」を選択する。

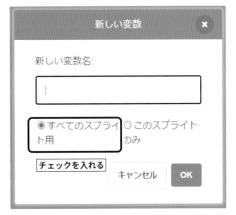

図9-2-2　「すべてのスプライト用」にチェックを入れる

■設定した「共有変数」を使った「四則演算プログラム」の作成

4個のスプライトで使う「変数a,b」を、「共有設定」しよう。

手　順　「共有変数」を使った四則演算プログラム

[1]「ネコのコード」を開き、「変数を作る」をクリック。

[2] 変数名として、「a」を記述し、「すべてのスプライト用」を選択後、「OK」をクリック。

[3] 続けて、変数名として「b」を記述し、「すべてのスプライト用」を選択後、「OK」をクリック。

[4]「変数」の定義をするため、**「aを（　）にする」ブロック**と**「bを（　）にする」ブロック**を「コード・エリア」にドラッグし、「（　）」に、「数値4」

と「2」を記述する。

[5] ネコの口から計算の結果を言わせるため、**「（　）と言う」ブロック**を「コード・エリア」にドラッグし、「（　）」に「（a＋b）」の加算の「値ブロック」を挿入。

[6] **[1]**〜**[5]**をまとめると変数に共有設定を組み込んだネコのプログラムが完成する。

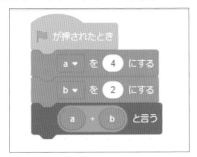

図9-2-3　共有設定を組み込んだ「ネコのプログラム」の完成

[7] 続いて、他の3個の「スプライト」に、「（　）」に計算の「値ブロック」を挿入した**「（　）と言う」ブロック**をドラッグして、順次プログラムを作る。

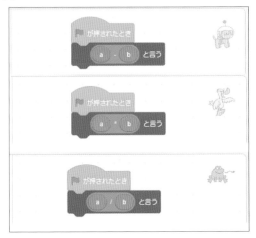

図9-2-4　「（　）と言う」ブロックに計算の「値ブロック」を挿入

＊

実行すると、変数が共有されているので、四則演算の計算結果が一斉に表示される。

■「共有変数」を使わない「四則演算プログラム」の作成

「変数a,b」の作成に際して、「共有設定」をせずに、「このスプライトのみ」を選択した場合を見てみよう。

「ネコのコード」を開き、「変数を作る」をクリック後、「このスプライトのみ」を選択する。
＊
実行すると、「ネコの計算結果」だけ表示され、他のスプライトの結果は、ネコに影響されず、独自に計算される。

ネコは「5」、他のスプライトは「0」「0」「NaN」と、異なる計算結果が表示される。

図9-2-5　ネコと「他のスプライト」で異なる計算結果が表示される

「並列処理」は「複数の処理を同時に処理する方法」なので、4個のスプライトの変数を共有設定しない場合はネコの計算しかできない。

9-3　「並列処理」におけるプロセス間通信（メッセージを使う）

スプライト同士の相互の連携処理は、「共有変数を利用する方法」でもできる。

しかし、変数の共有のみでなく本格的な連携処理を行なうには、「**メッセージを送り通信する方法**」（**メッセージ処理**）が必要不可欠である。
＊
4章の「メッセージ処理」から学んだように、

「メッセージ処理」はメッセージを送信する「**送信者**」と、それを受信する「**受信者**」に分けられる。

ここでは、ネコが「**送信者**」で他のスプライトを「**受信者**」とする。

■「ネコのプログラム」の作成

9-2節で作った「ネコのプログラム」を開き、変数「a」と「b」を「0」にする「**初期化**」ブロックと、新たな「**メッセージ1を送る**」ブロックを挿入する。

もちろん、変数は共有設定済みである。

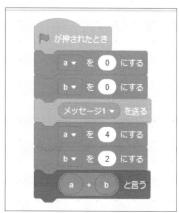

図9-3-1　「初期化」ブロックと「メッセージ1を送る」ブロックを挿入

ここで「送信者」の「ネコのプログラム」のみを実行しても、「ネコの足し算」の結果しか表示されず、他のスプライトには影響しない。
（ただし、「緑の旗」のアイコンをクリックすると、すべての計算結果が表示される）。

まだ、メッセージを挿入した効果は分からない。

図9-3-2　まだ「ネコの結果」しか表示されない

■他のスプライトのプログラム作成

　他の「受信者」のプログラムを作るため、各スプライトで**「メッセージ1を受け取ったとき」ブロック**を各「コード・エリア」にドラッグする。

図9-3-3　各スプライトに「メッセージ1を受け取ったとき」ブロックをドラッグ

■プログラムの実行

　ネコの**「緑の旗が押されたとき」ブロック**をクリックしてプログラムを実行すると、「受信者」のスプライトすべてでメッセージが実行される。

図9-3-4　「受信者」のスプライトすべてでメッセージが実行される

＊

　前節の変数の共有処理では、ネコの**「緑の旗が押されたとき」ブロック**のみをクリックしても、

他のスプライトの計算には影響しなかった。

　しかし、「メッセージ処理」を組み込んだプログラムでは、他のスプライトの計算も実行できる。

　つまり、メッセージを通して、スプライト同士で連携ができるということになる。

9-4　特定のスプライトとの「並列処理」

　メッセージ通信は、一斉に通信できる「ブロードキャスト通信」なので、受信者すべてに届く。

　しかし、たとえば「ネコ」と「アヒル」といったように、特定のスプライトとの通信が必要な場合もある。

＊

　その場合は、メッセージ送信で**「アヒルのみにメッセージを送る」**とブロックを変更し、受信側のアヒルは**「アヒルとのメッセージを受け取ったとき」**にイベントを変更する。

手　順　特定のスプライトとの通信

[1]「送信者」の「ネコのプログラム」を作る。

　「メッセージ1」のブロックを右クリック後、「新しいメッセージ」画面が表示されるので、「メッセージ名」として「アヒルのみにメッセージを送る」に変更して、「OK」をクリック。

図9-4-1　「アヒルのみにメッセージを送る」に変更

[2]「メッセージ名」が自動的に変更されたプログラムが作られる。

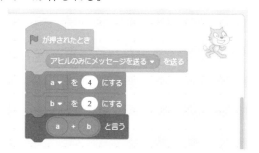

図9-4-2 「メッセージ名」は自動的に変更されている

[3]「受信者」であるアヒルのプログラムを作る。
イベントの**「メッセージ1を受け取ったとき」ブロック**にマウスを当て、「アヒルのみにメッセージを送る」をクリック。

図9-4-3 「メッセージ1」を「アヒルのみにメッセージを送る」に変更

[4]プログラムは、次のようになる。

図9-4-4 アヒル側のプログラム

＊
「送信者」ネコと**「受信者」アヒル**のプログラムが完成した。
実行すると次のような画面になる。

図9-4-5 実行画面

＊
このように、メッセージを使うことで、他の特定のスプライトとのやり取りができる。

9-5 厄介な問題

各スプライトは独立しているが、「ステージ画面」には各スプライトが同時に表示される。

この同時表示によって、他の必要のないスプラトまで表示されるという厄介な問題が生じる。

ここでは、2つのスプライトを使って「目次」を2つ作り、その厄介な問題を見てみよう。

■2個の「目次」の作成

2個の「目次」のうち、1個は「ネコのスプライト」をクリック後、「コスチューム1」に「ネコの問題1」を設定する。

もう1個は、「イヌのスプライト」をクリック後、「イヌの問題2」として作る。
＊
すると、別々に作っても「ステージ画面」には2つの「目次」が同時に表示される。

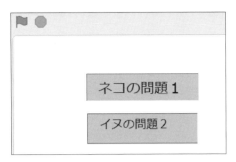

図9-5-1　2つの「目次」が同時表示される

■「コスチューム2」にネコとイヌの内容を作る

　「ネコのスプライト」をクリックし、「コスチューム2」に「目次」の内容を作る。

　同じように「イヌのスプライト」にも「コスチューム2」に「目次」の内容を作る。

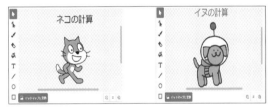

図9-5-2　ネコの内容(左)とイヌの内容(右)

■「ネコの目次」がクリックされたときのプログラムの作成

　「目次」の「ネコの問題1」をクリックすると、ネコの「コスチューム2」の内容に飛ぶプログラムを作る。

手　順　「ネコの目次」のプログラム

[1]イベントの「このスプライトが押されたとき」ブロックを「コード・エリア」にドラッグ。

　これは、目次の「ネコの問題1」をクリックすると「コスチューム2」を表示させるための措置である。

[2] 続いて、表示する内容の座標位置の「x座標を（　）、y座標を（　）にする」ブロックと、「コスチューム2」を表示するブロックを「コード・エリア」にドラッグ。

[3] x座標の「（　）」に「-13」、y座標の「（　）」に「0」の数値を記述する。

図9-5-3　x座標とy座標に数値を記述

　実行しよう。
　画面を見ると、「ネコの内容」のみ表示されるはずが、「イヌの問題2」の目次が表示されたままなので読みにくい。

　これが、多数のスプライトを使う場合に生じる、「厄介な問題」である。

図9-5-4　「イヌの問題2」が邪魔で画面が見づらい

■最初の目次画面に戻すプログラム

　最初の目次画面に戻るため、「イベント」から「スペースキーが押されたとき」ブロックを「コード・エリア」にドラッグし、「コスチュームを（コスチューム1）にする」ブロックを結合させる。

図9-5-5 「コスチュームを(コスチューム1)にする」ブロックを結合

スペースキーをクリックすると、最初の目次画面に戻る。

■「イヌの目次」側のプログラムの作成

同じように、「イヌのスプライト」をクリックし、ネコとほぼ同じプログラムを作る。

図9-5-6 ネコとほぼ同じプログラムを作る

実行すると、「ネコの目次」が表示されたままで読みにくい。

このように、同じ「厄介な問題」が生じる。

図9-5-7 同じ問題が生じる

＊

最初の目次に戻すため、次のプログラムを作る。

図9-5-8 目次に戻すプログラム

スペースキーを押すと最初の画面に戻る。

9-6 「厄介な問題」への対処

この「厄介な問題」に対処するには、各目次をクリックしたときに、他のスプライトの目次が一切表示されない処理を行なう必要がある。

しかし、各スプライトは独立し、「並列処理」がなされているので、簡単には消せない。

消すためには、各スプライトへの「メッセージによる要請」が必要になる。

そこで、「メッセージ処理」の手順を見てみよう。

手 順 「メッセージ処理」の手順
・・・・・・・・・・・・・・・・・・・・・・・・・・・・・・・・
[1]「ネコの目次」をクリックしたとき、「イヌの目次」を隠してもらうための「メッセージ1」を、イヌのスプライトに送るブロックをネコのプログラムに挿入する。

[2]「メッセージ1」を受け取ったイヌのスプライトが、それに対処するためのプログラムを作る。

そのために、「イベント」の「(メッセージ1)を受け取ったとき」ブロックを「コード・エリア」にドラッグし、その下に「隠す」ブロックを結合させる。

[3]「イヌの目次」をクリックしたとき、「ネコの目次」を隠してもらうための「メッセージ2」を、ネコのスプライトに送るブロックをイヌのプロ

グラムに挿入する。

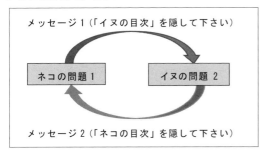

メッセージ1（「イヌの目次」を隠して下さい）

ネコの問題1　　イヌの問題2

メッセージ2（「ネコの目次」を隠して下さい）

図9-6-1　片方の目次をクリックすると、もう片方の目次を隠すようにメッセージが送られる

[4]「メッセージ2」を受け取ったネコのスプライトが「メッセージ2」に対処するためのプログラムを作る。

そのために、**「（メッセージ2）を受け取ったとき」ブロック**を「コード・エリア」にドラッグし、その下に**「隠す」ブロック**を結合させる。

これらを組み込んだプログラムが**図9-6-2**である。
「メッセージ1」と「メッセージ2」が入れ替わる以外に、「イヌの目次」のプログラムとの違いはない。

プログラムの中で、**「スペースキーが押されたとき」ブロック**の最後に**「表示する」ブロック**が追加されている。
このブロックがないと、隠していたネコの目次が表示されないので、大事な措置である。

＊

各スプライトの「目次」をクリックして実行すると、他の目次項目は消え、「厄介な問題」は解消されている。

イヌの計算　　ネコの計算

図9-6-3　他の目次項目が消えた

このように、「厄介な問題」は「メッセージ処理」を使うことで解消できる。

9-7 「拡張プログラム」の作成

さらに、目次に「アヒルの問題3」「カエルの問題4」を追加したプログラムを作ろう。

その際、注意することは「アヒルの問題3」でのメッセージは「メッセージ3」、「カエルの問題4」のメッセージは「メッセージ4」とすることである。

当然、それを受信するスプライトは、要請に応えて「目次」を隠す措置が必要となる。

■目次の作成

4個の目次と4個の「コスチューム2」を、コスチューム画面の左側の「ペイントエディター」で各自作ろう。

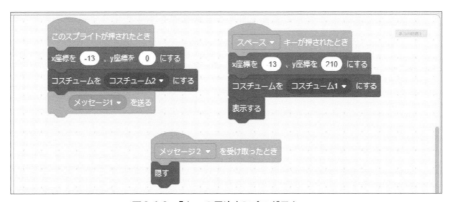

図9-6-2　「ネコの目次」のプログラム

図9-7-1　各目次を作成

図9-7-3　「コスチューム2」に足し算の式と結果が表示される

■プログラムの作成

目次の「ネコの問題1」をクリックしたときのみのプログラムを表示する（**図9-7-2**）。

残る3つのスプライトのプログラムは、これを参考に各自で作る。

■プログラムの実行

目次の「ネコの問題1」をクリックして実行すると、ネコの「コスチューム2」に足し算の式と結果が表示される（「コスチューム2」の足し算画面は各自作成）。

変数のa,b,cを使っているが、画面には数値しか表示されない。

普通の「変数名付きの数値」を出すには、数値「4」の箇所を右クリックし、画面から「普通の表示」をクリックする。

「変数名なしの数値」のみを表示するには、「大きな表示」をクリックする。

図9-7-4　「4」を右クリックして表示を切り替える

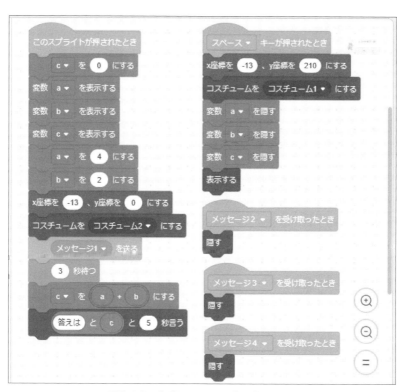

図9-7-2　完成したネコのプログラム

第Ⅲ部

スクラッチによる遠隔教育、「S-learning」の構築

スクラッチの公開機能を使って新たな遠隔教育、「S-learning」を構築し、作成した教材コンテンツ（プロジェクト）をWebサイトで公開する手法を学ぼう。

第10章

スクラッチによる「板書型遠隔教育」

III部では、コンテンツの「作成」から「公開」までの一貫した教育システムを「スクラッチ」で構築する新たな「遠隔教育」、「S-learning」を提案している。

※スクラッチによる遠隔教育なので、頭文字を取って「S-learning」と命名。

この構築の手順を見ていこう。

10-1 「S-learning」の3つの種類

スクラッチの遠隔教育は、スクラッチの公開機能に応じて次の3つに分類できる。

①スクラッチによる「**板書型遠隔教育**」
②スクラッチによる「**ラジオ型遠隔教育**」
③スクラッチによる「**Web型遠隔教育**」
の3種類である。

このうち、①を本章で、②を **11章** で、③を **12章** で説明する。

10-2 「S-learning」による「板書型遠隔教育」の方法

黒板を使った「板書型教育」といえば一世代前の教育方法で、オンライン時代の遠隔教育としては多くの人が否定している。

しかし、スクラッチの「公開機能」を使えば、新たな「板書型遠隔教育」の方法が構築できる。

■板書型遠隔教育1（アカウント登録なしの場合）

最初は、アカウントを登録しないで行なう「板書型遠隔教育」を見てみよう。

●スクラッチの初期画面の表示

スクラッチのURLをブラウザに入力して、スクラッチの初期画面を起動させる。

スクラッチ
https://scratch.mit.edu

次に、URLを入力後、画面の「作ってみよう」をクリック。

図10-2-1 「作ってみよう」をクリック

すると、スクラッチの初期画面が表示される。

図10-2-2 初期画面が表示される

最所は、「コード画面」が表示される。

●スクラッチの黒板の表示

スクラッチを起動して、初期画面の「コスチューム」をクリックすると、「コスチューム画面」が表示される。

このコスチューム画面を黒板として使って遠隔教育を行なうのが、「スクラッチの板書型遠隔教育」である。

図10-2-3 「コスチューム」をクリック

「コスチューム画面」には、点で作図する「**ビットマップ画面**」と、線で作図する「**ベクター画面**」の2種類がある。

両画面を必要に応じて簡単に切り替えられるのも、スクラッチの画像処理の大きな魅力である。

＊

「板書型遠隔教育」では、通常は「ベクター画面」を使う（デフォルトでは「ベクター画面」が表示されている）。

●板書

教材内容を「コスチューム画面」に板書しよう。

手 順 **「コスチューム画面」に板書する**

[1] 画面を白紙にしたいので、デフォルトで作成されているネコをマウスで範囲指定後、「削除」キーをクリックして削除する。

[2] 続いて、「ペイントエディター」から、テキスト「T」を使い、「コスチューム1」画面に、講義タイトルや内容を板書する。

文字色としては、「塗りつぶし」から黒を選択する。

[3] 図表を作る。

今回は「三大栄養素」と「五大栄養素」の関係を円で表示するため、「ペイントエディター」から「円」のアイコンをクリックし、2つの円を作図する。

図10-2-4 「ペイントエディター」で図や文章を記述

[4] スクラッチの黒板である、「コスチューム1」を使った「板書型コンテンツ」が完成する。

さらに、板書内容を記述する場合、「コスチューム1」の板書内容を消さず、コスチューム2、3……を追加機能から作り、板書を続けることができる。

●板書を保存

スクラッチの「板書型遠隔教育」の大きな長所は、板書内容を簡単に保存できる点である。

作成した板書を保存するには、画面左側のサムネイルを右クリックし、画面から「書き出し」をクリックする。

図10-2-5 「書き出し」をクリック

すると、画面左下に「保存ファイル名」が表示され、板書がフォルダの「ダウンロード」に自動的に保存される。

ファイル名を「sandai01.svg」に変更する。

この拡張子の「svg」は、画像形式のうちの「ベクター形式」を示している。

●板書をメールで送信

板書した内容はメールで生徒に送信する。

ここでは「Gメール」で保存したファイル「sandai01.svg」を添付し、生徒に送信する（Gメールを使う場合、Googleアカウントの取得が必要である）。

メールが届くと、生徒は添付ファイルを開く。画面の「ダウンロード」をクリック後、自動的に保存されたファイルをスクラッチから読み込むと、板書の内容が画面に表示される。

図10-2-6　板書の内容が表示される

＊

このように、スクラッチの「板書型遠隔教育」は、コスチュームの黒板で自由に板書し、その板書を保存して、メールで生徒に見せる。
質疑応答はメールを使うことになる。

■板書型遠隔教育2（教師はアカウント登録済）

メールでの「板書型遠隔教育」では、保存した板書をメールでやり取りしていた。

しかし、これではオンラインによる遠隔教育とは言い難い。

スクラッチの「板書型遠隔教育」では、Webサイトに板書が自由自在に書かれ、生徒に公開され、かつやり取りができなければならない。

そのためには、教師のアカウントの登録が必要となる（登録の仕方は**第1章**を参照）。

●板書

板書の仕方は、**板書型遠隔教育1**で説明しているので省略する。

●教師の板書の公開

本節の**板書型遠隔教育1**では、板書のファイルを保存し、それをメールでやり取りしていた。
アカウントを登録すると、スクラッチの「公開機能」（Webサイト機能）で、メールを使わずに板書をWebサイトに直接保存して、やり取りできる。

> ※登録すると、スクラッチで作ったファイルはスクラッチが運営するコミュニティサイトに番号付きで自動的に保存され、全世界に公開される。

この公開機能は、画面の「共有する」をクリックするだけで使える。

図10-2-7　「共有する」をクリック

自動的にWebサイトが立ち上がるので、タイトル名を「三大栄養素」と変更する。

Webサイトには、すでに板書した「三大栄養素」が掲示されているので、「緑の旗」をクリックして実行する。

Webサイトには「板書画面」以外に「使い方」、「メモとクレジット」「コメント」などの画面が組み込まれている。

図10-2-8　「使い方」「コメント」などの画面がある

●生徒への板書内容の公開

教師が生徒に板書内容の公開（プロジェクトの公開）をするためには、表示されているスクラッチのページのURLをメールに貼り付けて生徒に送信するなどして、公開する必要がある。

あるいは、後述する「Google Classroom」のリンク機能でも、生徒に送信できる。

●生徒側でWebサイトを開く

スクラッチを起動し、メールに添付してあるアドレスをブラウザに入力すると、Webサイトに板書が公開される。

図10-2-9　アドレスを入力

＊

ここまでで板書をWebサイトに公開して、見せることはできた。

しかし、生徒とのリアルタイムの質疑応答はWebサイトではまだできず、メールなどで行なう必要がある。

■板書型遠隔教育3（生徒もアカウント登録）

教師と生徒がWebサイトで質疑応答するためには、生徒もアカウント登録しなければならない。

アカウント登録すると、画面下の「コメント」の使用が生徒に許可されるため、スクラッチでは質疑応答に「コメント」を使う。

「コメント」をチャットとして使うことで、質疑応答がリアルタイムでスムーズにできるようになる。

その手順を見てみよう。

手 順　「コメント」を使う

[1] 教師の板書の内容を見て、生徒はコメントを記述後、「投稿する」をクリックする。

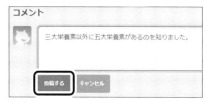

図10-2-10　「投稿する」をクリック

[2] 教師は生徒からのコメントをチェックするため、Webサイトにある「更新」アイコンを必ずクリックする。

教師の画面が更新されると、生徒の投稿内容が表示される。

[3] このコメント内容を見て、教師はさらにコメントを記述後、「投稿する」をクリックする。

[4] 生徒は教師からのコメントをチェックするため、画面上にある「更新」のアイコンを必ずクリックする。

生徒の画面が更新されると、教師の投稿内容が表示される。

[5] 生徒はコメントを再度記述後、投稿する。

＊

このように、スクラッチのコメント機能（チャット機能）を使えば、同じWebサイト上で板書内容についての質疑応答がリアルタイムに何回もできる。

スクラッチのコスチューム機能を使った、新たな「板書型遠隔教育」である。

コスチューム1の板書が終われば、次にコスチューム2、3，4……と板書を続けることができ、その都度、生徒たちに公開し、かつ質疑応答ができる。

10-3　板書を Word に貼り付け、教材として利用

対面授業での板書教育の欠点は、黒板に板書した内容は一度消すと残らないことである。

スクラッチによる「板書型遠隔教育」では、作った板書内容を Word に貼り付け、教材として保存、提供できる利点がある。

その手順を見てみよう。

手順　コスチュームの板書内容の保存

[1] コスチュームの板書内容の保存はすでに**前節**の**板書型遠隔教育1**で、ファイル名「sandai01svg」として保存済みである。

[2] 保存した板書内容を Word に貼り付けるため、Word を開き、メニューから「挿入」＞「画像」＞「このデバイス…」の順でクリックする。

図10-3-1　「挿入」＞「画像」＞「このデバイス…」とクリック

[3] 板書内容を保存したフォルダを開き、ファイル「sandai01.svg」をクリック

図10-3-2　「sandai01.svg」をクリック

[4] Word に板書内容が表示される。

図10-3-3　板書内容が表示される

当然、コスチューム2，3……にも板書があれば、その内容すべてを Word に貼り付けることができる。

このように簡単に板書内容を Word に張り付けることができるので、生徒に教材としても提供できる。

第11章
スクラッチによる「ラジオ型遠隔教育」

音声を使った遠隔教育は、ラジオ講座でも分かるように根強い人気を誇っている。

スクラッチの公開機能を使って、新たな「ラジオ型遠隔教育」を構築しよう。（パソコンのマイクを使う）

11-1　板書内容の録音

最初に、板書型で説明した内容をマイクで録音する。

録音するにはいくつかの方法があるが、よく知られているのが、すでに**3章**で説明した「ボイスレコーダー」による方法である。

しかし、スクラッチによる「ラジオ型遠隔教育」では、録音にスクラッチに付いている「**録音機能**」を使う。

作ったさまざまな板書内容（コンテンツ）を即録音できるメリットがあるからである。

手順　板書内容を録音する

[1] スクラッチの初期画面から「音」を選択する。

[2] 画面下の追加機能にマウスを移し、表示される画面から「録音する」をクリック。

図11-1-1　「録音する」をクリック

[3] 録音画面が表示されるので、「録音する」をクリック。

「録音する」をクリック後、マイクに向かって大きな声で板書内容を読み上げる。

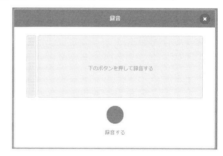

図11-1-2　板書内容を読み上げる

[4] 録音終了後、「録音をやめる」をクリックする。

[5] 再生ボタンを押し、内容と音声をチェックする。

[6] 録音に「雑音」や「無言の箇所」があれば削除する。

削除したい箇所でマウスをクリックし、マウスで削除範囲を指定した後、ハサミのアイコンの「削除」をクリック。

[7] 訂正後、「OK」をクリックして、「保存」をクリックする。

音声画面が自動的に表示され、内容が音声ファイル「recording1」として自動的に記録されている。

同時に音声の波形が表示されている。

図11-1-3　音声ファイル「recording1」として記録される

ここで記録された音声ファイル名を「(指定したいファイル名).wav」に変えておく。

「.wav」は音声ファイル形式を示す拡張子である。

■録音した板書内容を公開する

次に、この録音した音声を生徒に送信するためには、いくつかの方法がある。

1つは、**(A)録音した音声をメールで直接送信する方法**、他は、**(B)「音声ファイル」のプログラムとして保存した後にメールで送信する方法**である。

スクラッチの「ラジオ型遠隔教育」では**(A)**の方法をとる。

手　順　板書内容を録音して公開する

[1]最初に、生徒に送信するために録音した「音声ファイル」を保存しよう。

「音」のサムネイル画面を右クリック後、画面から「書き出し」をクリックする。

図11-1-4　「書き出し」をクリック

[2]画面左下にファイル名が「三大栄養素の音声.wav」と自動的に表示される。

このファイルは「書き出し」をクリックすると、フォルダの「ダウンロード」に自動的に保存される。

> ※スクラッチでは、録音形式は「wav」であることに注意しよう。

[3]「Gメール」を開き、音声ファイルを添付した後、指定した生徒のアドレスに送信する。

[4]生徒が受信した「Gメール」を見ると、送られた「音声ファイル」が添付されている。

[5]添付ファイルをクリック

この添付ファイルをクリックして、表示される画面のダウンロードをクリックする。

図11-1-5　添付ファイルをクリック

自動的にフォルダに保存された添付ファイルを開くと、背景画面は黒くなり、音声ファイルが読み込まれ、板書内容が音声で流れる。

図11-1-6　音声ファイルが再生される

このように、「音」機能を使って遠隔教育を行なうのが、「スクラッチのラジオ型遠隔教育」である。

11-2 「Google Classroom」とのコラボ

代表的な遠隔教育の方法である「**Google Classroom**」を使い、スクラッチで作った「録音ファイル」を生徒に送信できる。

手 順 「Google Classroom」との連携
・・

[1] ブラウザを開き「Google Classroom」のURLを入力する（Google アカウントの登録が必要である）。

> Google Classroom
> **https://classroom.google.com**

[2] メニューの「＋」アイコンをクリック後、画面から「クラスを作成」を選択する。
選択後、クラス名を記入する。

[3] 画面から「授業」＞「作成」＞「課題」をクリック後、「タイトル名」を記述し、「追加」から「ファイル」をクリック

図11-2-1 「ファイル」をクリック

[4] ファイルの挿入画面が表示される。

図11-2-2 挿入画面が表示される

[5] 録音した音声ファイルが保存されているフォルダからファイルをクリック後、「開く」をクリックする。

図11-2-3 ファイルを選択後、「開く」をクリック

[6] 「追加」に録音した「音声ファイル」が読み込まれたので、すべての生徒に送信するため「課題を作成」をクリック（生徒はクラスに登録済である）。

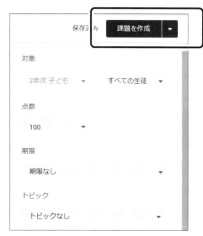

図11-2-4 「課題を作成」をクリック

[7] 生徒が送信されてきたファイルを開くと音声ファイルが開くので、開始をクリックする。
音声ファイルの再生が始まる。
・・

このように、音声ファイルは「Google Classroom」とコラボすることで、より効率的な「ラジオ型遠隔教育」ができる。

11-3 「音声ファイル」を保管し、教材として使う

「ラジオ型遠隔教育」の欠点の一つは、**再生が終われば音声は消滅し、残らない**ことである。

しかし、スクラッチによる「ラジオ型遠隔教育」では、**録音した板書内容を簡単に保存して残せる**ので、生徒にも教材として提供できる利点がある。

その手順を見てみよう。

手　順　「音声ファイル」を教材として使う

[1] 教材を音声に録音し、それを音声ファイル「三大栄養素の音声.wav」として保存する（**前々節**で作成、保存済み）。

[2] Wordで作成した教材に、この音声ファイルをコピー、貼り付ける。

Word画面に音声ファイルのパッケージが貼り付けられる。

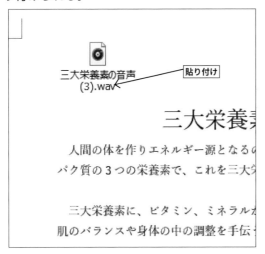

図11-3-1　音声ファイルのパッケージを貼り付け

[3] このパッケージをクリック後、画面の「開く」をクリック。

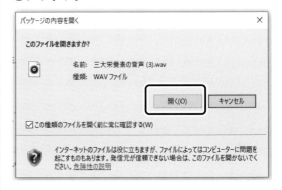

図11-3-2　「開く」をクリック

[4] 録音した教材の音声が流れる。

図11-3-3　教材の音声が流れる

このように、音声付きの板書教材も作成、提供できる。

第12章

スクラッチによる「Web型遠隔教育」

「板書型遠隔教育」に音声を、逆に「ラジオ型遠隔教育」に画像を組み込めば、より本格的な「Web型遠隔教育」が構築できる。

しかし、そのためにはWebプログラミングの専門的知識が必要で、これが従来の「Web型遠隔教育」が普及しなかった原因でもあった。

本章では、誰でも簡単に使えるスクラッチのプログラム（コード）を使って、本格的なWeb型の遠隔教育「s-learning」を構築しよう。

12-1 「Web型遠隔教育」のためのテキスト作成

最初に、遠隔教育に使うテキストをWordで作ろう。

コスチューム画面でも直接テキスト作成できるが、画像画面であり、テキスト処理機能が不充分なので、本格的なテキスト作成にはWordを使う。

※以降、「三大栄養素」についてのテキストを作ったということにして説明を進める

＊

Wordを起動して、6ページ程度のテキストを各自作り、テキストのファイル名を「三大栄養素.docx」としてフォルダに保存する。

そして、Wordで作った「テキストファイル」をスクラッチのコスチューム画面に読み込む。

＊

コスチューム画面は画像画面なので、Wordなどの「テキストファイル」を直接読み込むことができない。

よって、「テキストファイル」を、いったん「画像ファイル」に変換して保存する。

■「テキストファイル」を「画像ファイル」に変換する

「テキストファイル」の画像変換後、画像をスクラッチのコスチューム画面に読み込むにはいくつかの方法がある。

①「テキストファイル」を**ビットマップ画像**「**png**」に変換後、スクラッチに読み込む。

②「テキストファイル」を**電子文書**「**pdf**」に変換後、さらに**ベクター画像**「**svg**」に変換し、スクラッチに読み込む（スクラッチでは「pdf」を直接読み込めないため）。

③「テキストファイル」をベクター画像「svg」に変換後、スクラッチに読み込む。

①〜③を順次見ていく前に、画像処理について説明しておこう。

●2つの画像処理形式

通常、パソコンで使われる画像は、大きく「**ビットマップ画像（ラスター画像）形式**」と「**ベクター画像形式**」の2種類に分けられる。

インターネットでは、画像は「ビットマップ」形式の「jpg」「png」などで作図されているので、

「ビットマップ」はよく知られている。

それに対して、ベクター形式の「svg」による画像作成は、「CAD」などの保存といった専門的な用途に使われることが多いので、馴染みが薄い。

ここで、両者の特徴を簡単にまとめておこう。

①「ビットマップ画像」の特徴

「ビットマップ画像」は、「点の集まり」で構成される画像であり、その特徴は以下のようになる。

> ・「点の集まり」で作られている
> ・「点の集まり」なので、拡大していくと点の細かさに限界がきて画像が荒くなる（「ジャギー」と呼ばれるギザギザが発生する）。
> ・きめ細やかな色表現ができる。
> ・写真や絵画は基本的に「ビットマップ画像」。

②「ベクター画像」の特徴

「ベクター画像」は点と線の情報が数値化された画像で、どれだけ拡大してもぼやけない。

特徴をまとめると以下のようになる。

> ・点と線を数値化し、それをコンピュータが再現して表示。
> ・コンピュータが再現するため、どれだけ拡大しても画像が荒くならない。
> ・縮小と拡大を繰り返しても画像が劣化しない。
> ・無数の色が含まれる写真は、「ベクター画像」では再現が難しい。

コスチュームの画像処理は、「ビットマップ画像」処理と「ベクター画像」処理の両者を必要に応じて切り替えられる。

この両者の画像処理が使える点が、スクラッチの大きな長所の一つとなっている。

12-2 テキストファイルをビットマップ画像「png」に変換

Wordを「ビットマップ画像」に変換する方法としてよく知られている「プリントスクリーン」機能を見てみよう。

■「プリントスクリーン」を使って画像変換

Wordを開き、キーボードの「プリントスクリーン」を押下後、ペイント画面を開いて、貼り付ける。

貼り付け後、ファイル名に拡張子「png」を付け「sandai01.png」として指定フォルダに保存する。

この操作を読み込みたいすべてのページに行なう。

■スクラッチに読み込む

画像ファイルが保存できたので、まず1ページ目の画像ファイルをコスチュームから読み込む。

スクラッチのコスチュームをクリック後、追加機能からアップロードをクリックする。

ファイルを保存したフォルダからファイルをクリックする。

1ページ目の画像ファイルが表示される。

三大栄養素

中間学園大学情報教育〇〇教授　物〇恵介

図12-2-1　1ページ目の画像ファイル

ここで、注意することは、コスチューム画面がデフォルトの「ベクター画面」から「ビットマッ

プ画面」に切り替わっていることである。

画面では、変換のため文字の輪郭がカスレて読みにくい。

2～6ページを読み込んだ図すべてがカスレている。

その理由は変換の際に、文字を「点」で表現するビットマップ形式の「png」を使ったからである。

この対策を考えてみよう。

■画像を「ベクター画像」に変換

「ビットマップ」形式を「ベクター」形式に戻すため、画面下の「ベクターに変換」をクリックし、画面を切り換える。

かなり鮮明な文字画像が表示される。

12-3 テキストファイルをベクター画像「svg」に変換

「ベクター画面」への切り替えで、かなり画像が鮮明になったが、まだ読みにくい。

さらに鮮明にするため、Wordで作ったテキストファイルを「pdf」に変換し、さらにベクター形式の「svg」に変換しよう。

■テキストファイルを「pdf」に変換

Wordのメニューからファイルの「エクスポート」をクリック後、「PDF/XPS」の「作成する」箇所をクリックする。

ただし、「pdf」に変換する場合、写真や自作の図表は外しておく。

次に行なう「pdf」から「svg」への変換の場合、画像は変換できないからである。

画像や表などについては、png形式に直して、

別に読み込む方法をとる。

あるいは、コスチューム画面で「ペイント・ツール」を使って自作する。

■「pdf」から「svg」への変換の手順

「pdf」をベクター形式「svg」に変換するのは、「pdf」形式のファイルはコスチューム画面に読み込めないからである。

手 順　「pdf」から「svg」への変換

[1]　「pdf」をベクター形式「svg」に変換するには、「変換アプリ」をインストールする。

ブラウザを開き、次のURLを入力する。

```
https://convertion.co/ja/pdf-svg
```

入力すると、「pdf」を「svg」に変換する画面が表示される。

ただし、無料版は1日10回までの使用制限があることに注意する。

[2]画面の「ファイルを選ぶ」をクリック

図12-3-1　「ファイルを選ぶ」をクリック

[3]保存した「pdfファイル」をクリック後、画面の「変換」をクリック

図12-3-2　「変換」をクリック

[4]「ダウンロード」をクリック

図12-3-3 「ダウンロード」をクリック

■プログラム作成

コスチュームから「svg」に変換したファイルを呼び出すため、コスチュームの追加機能からアップロードし、保存された画像ファイルを読み込む。

「コスチューム画面」に表示された文字画像は、「ステージ画面」からハミ出すので、座標調整するため**「x座標を（ ）、y座標を（ ）にする」ブロック**を「コード・エリア」にドラッグする。
そして、「（ ）」に「0」と「-10」を挿入する。

図12-3-4 「（ ）」に「0」と「-10」を挿入する

■プログラムの実行

実行すると、Wordで作った教材をきれいに読み取ることができる。

図12-3-5 画像を鮮明に読み取れるようになった

＊

このように、**Wordを「pdf」に変換してから「svg」ファイルに変換**すると、文字のカスレはなくなる。

■他のページの読み込み

2ページ目（**図12-3-6**）の文書は、1ページ目（**図12-3-5**）と同じ手順で作っている。

ただし、図はコスチュームの「ペイント・ツール」を使って作図したものである。

3ページ目（**図12-3-6**）の文書も、1ページ目（**図12-3-5**）と同じ手順で作ったものである。

炭水化物の画像はペイントに貼り付け、保存した「png」形式の画像ファイルをコスチュームに読み込み、それを文書の間に貼り付けている。

図12-3-6 2ページ目（左）、3ページ目（右）

さらに、同じ手続きを6ページ目の読み込みまで続行しよう。
すると、コスチュームのサムネイル画面に1〜6ページの「sandai01」〜「sandai06」が表示される。

図12-3-7 「sandai01」〜「sandai06」が表示される（図左）

12-4 テキストファイルを直接「svg」に変換

ところで、テキストファイルを「pdf」に変換せずに「svg」に直接変換すると、どうなるのだろうか。

手 順　テキストファイルを「svg」に変換

[1] ブラウザにWordファイルを「svg」に変換するアプリのアドレスを入力。

> https://convertio.co/ja/doc-svg/

[2] 変換するテキストファイルを指定する。

図12-4-1　テキストファイルを指定

さらに、Wordを「svg」に変換後、この変換ファイルをコスチュームに読み込んでみよう。

文字の行間隔が広すぎたり、文字の1部が重なったりと、読みにくい場合が多々生じる。

したがって、**「pdf」に変換しないで直接「svg」に変換する方法は、あまりお勧めできない。**

12-5 読み込みプログラムの作成

前々節で作った6ページのベクター画像を連続的に読み込むプログラム、すなわち「スライドショー」のプログラムを作ろう。

教育ではよく使う手法なのでぜひマスターしよう。

「スライドショー」を作るアプリで有名なPowerPointより簡単に操作でき、かつ作ったプロジェクト（コンテンツ）をそのまま表示できる点で優れている。

＊

画像を「スライドショー」にするには3つの方法がある。
① **「簡易プログラム」**で行なう方法
② **「連続プログラム」**で行なう方法
③ **「分割プログラム」**で行なう方法

順次見ていこう。

■「簡易プログラム」で行なう方法

「緑の旗が押されたとき」ブロックをクリックするごとにページが移る「スライドショー」のプログラムを作ろう。

手 順　「スライドショー」のプログラム

[1] イベントから**「緑の旗が押されたとき」ブロック**を「コード・エリア」にドラッグする。

[2] **「x座標を0、y座標を0にする」ブロック**を「コード・エリア」にドラッグ。

「文字サイズ」や「画像」などを考慮して座標位置を設定するため、y座標に「-190」を記入する。

特に、「pdf」から「svg」形式に変換する場合、座標の設定は重要である。

[3] 「見た目」から**「次のコスチュームにする」ブロック**を「コード・エリア」にドラッグする。

図12-5-1　「次のコスチュームにする」ブロックをドラッグ

プログラムが完成したので、実行するために**「緑の旗が押されたとき」ブロック**をクリックする。

緑の旗をクリックごとに、ページが移るスライドショーが開始される。

Ⅰ 基礎知識

Ⅱ 活用事例

Ⅲ 遠隔教育

■「連続プログラム」で行なう方法

　自動的に「スライドショー」を行なう本格的なプログラムを作ろう。

手　順　「自動スライドショー」のプログラム

[1]「緑の旗を押されたとき」ブロックを「コード・エリア」にドラッグする。

[2] 最初に教材のタイトル画面を表示させるため、「**コスチュームを(sandai01)にする**」ブロックを「コード・エリア」にドラッグ。

[3] 制御から繰り返しブロックを「コード・エリア」にドラッグ後、数値を6に変更。

[4] 繰り返しブロック内に「**次のコスチュームにする**」ブロックを「コード・エリア」にドラッグ。

図12-5-2　「次のコスチュームにする」ブロックをドラッグ

[5] さらに、時間を入れるため「**3秒待つ**」ブロックを「コード・エリア」にドラッグ。

＊

　プログラムが完成したので、実行するために「緑の旗」をクリックすると、3秒おきにページが移る「スライドショー」が開始される。

■「分割プログラム」で行なう方法

　「スライドショー」を1ページごとにゆっくり何回も見せたり、あるいは必要なページのみを取り出し見せたりしたい場合がよくある。
　その場合は、連続的な「スライドショー」では

なく、分割した「スライドショー」が望ましい。

　そこで、分割した「スライドショー」を作るため、1ページごとに呼び出す動画プログラム(スライドショー)を作ろう。

手　順　分割した「スライドショー」のプログラム

[1]「(スペース)キーが押されたとき」ブロックを6個、「コード・エリア」にドラッグ。

[2] 6個のブロック内の「(スペース)」の箇所をクリックし、英文字a〜fに変更する。

[3] 各ページの「文字」や「画像」のサイズが異なるので、各ページに適した座標設定ブロックを6個、「コード・エリア」にドラッグ後、y座標の位置をブロックごとに設定。

[4] 6個のイベントブロックの下に6個の「**コスチュームを(　)にする**」ブロックを結合させ、ブロック内の「(　)」に、6個のコスチューム名を順次入力

[5] [1]〜[4]をまとめると**図12-5-3**のプログラムが完成する。

　プログラムが完成したので、実行するために順次、a,b,c,……と打ち込んでいくと、「スライドショー」が始まる。

　「分割スライドショー」の長所は、必要なページを即座に呼び出し、何回も見ることができる点にある。

　このように3つの方法で「スライドショー」を使い分けることにより、より効率的な遠隔教育が提供できる。

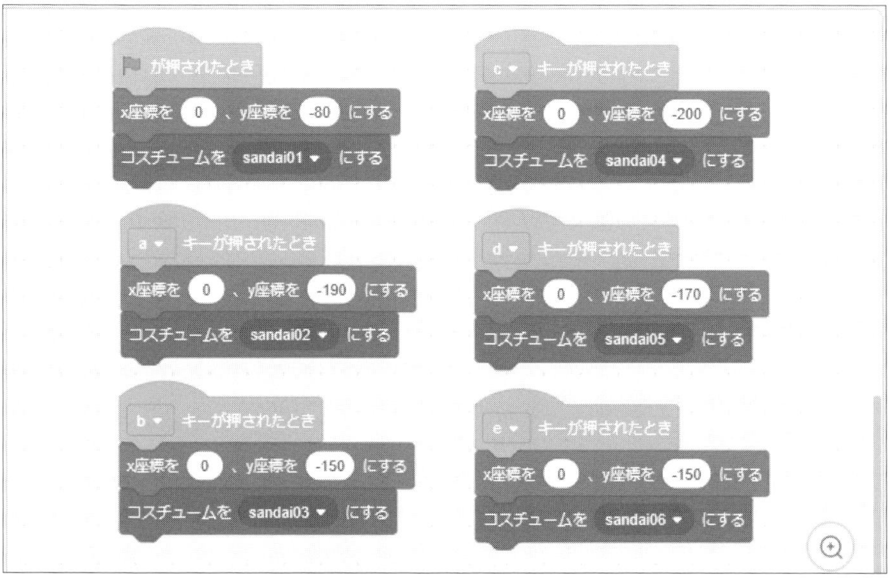

図12-5-3　完成したプログラム

12-6 「音声」の組み込み

「文字」や「動画」のみの「スライドショー」の講義では単調になるので、「音声」も同時に組み込もう。

「音声」を聞きながら同時に教材を画面で見るので、一段と講義が分かりやすくなる。

■テキストファイルの録音

「音声」を組み込むために、まずテキストを説明する音声を録音しなければならない。

スクラッチで録音する手順は、すでに説明しているので省略する。各自、録音を行なおう。

各ページの録音した音声ファイル名は「recording1」～「recording6」とする。

■音声ファイルを圧縮

音声ファイルは、メモリ容量を多く消費するので、もし多くの音声録音を行なう場合は「音声」を「圧縮」しなければならない。

今回は6ページぶんの音声記録なので、当初、「wav」形式で保存した。

しかし、一度に6ページぶんの録音を読み込むと容量が大きくなり、時間がかかったり、あるいはフリーズしたりして読み込めない場合もある。

その場合は、変換ソフトの「Switch」などを使い、「wav」を「mp3」形式に変換する（変換方法は**3章**を参照）。

■プログラムの作成

音声ファイルの作成が完了したので、「音声」を組み込んだ「スライドショー」のプログラムを作ろう。

音声付きプログラムとしては、「分割プログラム」のみで行なう方法を示す。

他の方法については各自挑戦してほしい。

手 順 **「音声」をつけた「スライドショー」**
．．．．．．．．．．．．．．．．．．．．．．．．．．．．．．．．．．．．．
[1] 前節の「分割プログラム」のコード画面に戻り、6個の「（　）の音を鳴らす」ブロックを「コード・エリア」にドラッグする。

図12-6-1　完成したプログラム

[2] 各ブロックの「（　）」の音声ファイル名を「recording1」～「recording6」に変更後、**図12-5-3**の各イベントブロックに結合させる（**図12-6-1**）。

⋯⋯⋯⋯⋯⋯⋯⋯⋯⋯⋯⋯⋯⋯⋯⋯⋯⋯⋯⋯⋯

■プログラムの実行

プログラムを実行し、英文字をa,b,c……と順次入力すると、1ページごとに音声でテキスト説明が行なわれる。

12-7　公開と非公開

音声を組み込んだ「三大栄養素01」の教材講義ファイルが完成したので、これを公開する。

■公開

画面の「共有する」をクリックすると、ファイルがスクラッチのコミュニティサイトに保存される。

この講義ファイルを生徒に見せるには、サイトのURLをブラウザに次のように入力する。

> https://scratch.mit.edu/projects/450055736

教師と生徒の質疑応答には、すでに説明した「コメント機能」を使う。

＊

このように、Webサイトでプロジェクト（コンテンツ）の作成と公開をするためにプログラム（コード）を使うのが、本格的なスクラッチの「Web型遠隔教育」である。

■非公開（公開中止と削除）

いったん公開したプロジェクト（コンテンツ）が古くなり、新しく差し替えたい場合や、役目を終えた場合などに、公開を中止したり、削除したりする方法を見てみよう。

●公開前（共有前）のプログラムの削除

作ったプロジェクト（コンテンツ）は［私の作

品]ページで一覧表示される。

　ページでは、保存しただけでまだ共有されていないプロジェクトの右下に、[削除]が表示される。

図12-7-1　[削除]ボタン

　この[削除]をクリックすると、プログラムはすべて削除されるので注意が必要である。

●公開と中止

　「私の作品」を見ると、共有され公開されたプロジェクト（コンテンツ）には、右下に[共有しない]というボタンが表示される。

図12-7-2　[共有しない]ボタン

　公開を中止したい場合は、ここをクリックする。

12-8　「Web型遠隔教育」の拡張（リミックス機能）

　生徒からの課題提出は、他の遠隔教育方法と同じくメールが使われている。

　しかし、せっかくWebサイトで教材を作って公開したので、生徒からの「課題提出」もメールではなく、「Webサイト」で行ないたい。

　たとえば、教師のWebサイトに、課題の提出を自由に直接書き込みできれば効率的である。

　従来のプログラムでは考えられない機能だが、

スクラッチでは、この機能が「**リミックス機能**」として備わっている。

> ※「リミックス」とは、完成された曲をさらにミキシングし直して、別のバージョンにする作業。
> また、別バージョンとなった曲をさす用語である。

　実際に「リミックス機能」を使い、課題の送信を行なってみよう。

手順　「リミックス機能」を使う

[1]生徒はスクラッチを起動して（アカウントは登録済み）、ブラウザに**12-7節**で示した教師のURLを入力する。スクラッチの画面上部にある「リミックス」アイコンをクリック。

図12-8-1　「リミックス」アイコンをクリック

[2]画面のファイル名が「三大栄養素　remix」と表示され、リミックスされたことが分かる。

　URLも新たに作られるなど、教師のWebサイト自体を100%コピーしている。

　しかし、ただコピーするのでなく新たに内容を変えたり、追加修正できるようになっている。

[3] 生徒は、コスチュームの追加機能の「描く」をクリックし、新たな「コスチューム2」を作る。

　ここで、Wordで作った「炭水化物」についての課題内容を、コスチュームに読み込む（読み込みの仕方は**12-1節**を参照）。

図12-8-2　課題を読み込む

[4] 生徒のリミックス画面のURLを、メールなどで教師に知らせる。

　知らせる前に、サイトを「共有」しておく。

[5] 教師はURLから生徒の課題が書かれている「コスチューム2」を開き、課題の評価をする。

　もし、質問があれば、このサイトを教師はリミックスし、コメント欄を使って生徒とやり取りできる。

･･････････････････････････････

　このように、「リミックス機能」を使うと、学生はWebサイトで課題を提出できるし、教師との共同作業も可能となる。

　これが「Web型遠隔教育」の大きな長所になっている。

　今後、利用が期待される。

12-9 「Google Classroom」とのコラボ

　スクラッチの遠隔教育の長所は「**Google Classroom**」とコラボできることである。

　最後に、スクラッチと「Google Classroom」の簡単なコラボの仕方を見ておこう。
（その前に、各自Googleアカウントを取得しておくこと）

■課題作成にスクラッチの遠隔教育アプリ

手　順　「Google Classroom」とのコラボ

･･････････････････････････････

[1]「Google Classroom」を開くため、次のURLを開く。

> https://classroom.google.com

[2] 教師は、「Google Classroom」の「クラスを作成」を選択後、初期画面から「授業」「作成」「課題」をクリックし、課題画面を表示。

[3] タイトルを「スクラッチの遠隔教育」とし、スクラッチの3つの遠隔教育を読み込む。

　そのために、「追加」をクリックして、ファイル先として「板書型遠隔教育」(sandai01.svg)と「ラジオ型遠隔教育」(三大栄養素の音声.wav)を指定し、リンク先として「Web型遠隔教育」を指定する。

　課題画面は次のようになる。

[4] 画面右上の「課題を作成」をクリックし、生徒に送信する。

　これを受信した生徒は、このうち自分に合っ

図12-9-1　課題画面

た遠隔教育方法を選択し、課題の三大栄養素を開くことができる。

このように、スクラッチは「Google Classroom」のリンクやファイルのアップロード機能を使い、コラボすることができる。

12-10 「S-learning」の全体像と今後

今まで、スクラッチの3種類の遠隔教育の仕組みと実践を説明してきた。

ここで、「S-learning」の全体像と今後についてまとめておこう。

■スプライトの3要素と遠隔教育の関係

スプライトは「コード」「コスチューム」「音」の3要素から成り立ち、この3要素を使ってスクラッチの遠隔教育は構築された。

スプライトの3種類とスクラッチの3種の遠隔教育はどのような関わりあいをもっているの

であろうか。

両者の全体像を見てみよう（**図12-10-1**）。

＊

スクラッチによる新たな遠隔教育「S-learning」は、授業タイプに応じて「板書型遠隔教育」「ラジオ型遠隔教育」さらには「Web型遠隔教育」を選択できる。

しかも、難しい技術や複雑な仕組みを知らなくても、誰でも手軽にWebサイトで遠隔教育ができる優れものである。

特に強調したい点は、「Web型遠隔教育」ではプロジェクト（コンテンツ）の作成から公開、生徒との質疑応答、さらには生徒からの課題提出までのすべてをWebサイトで一貫して行なえる点である。

これは他の遠隔教育方法では見られない特徴であり、このような特徴をもつ「S-learning」を新たな教育方法の選択肢の一つとして提案したい。

I 基礎知識

II 活用事例

III. 遠隔教育

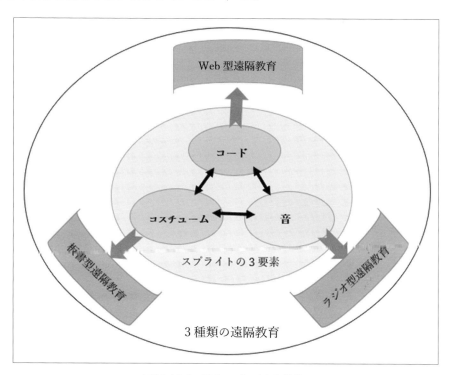

図12-10-1 「S-learning」の全体像

索　引

[著者略歴]

梅原　嘉介（うめはら・よしすけ）

1945 年生まれ
1973 年　関西大学大学院博士課程　経済研究科　満期退学
現在　　中国学園大学子ども学部子ども学科　特命教授
　　　　中国学園大学情報教育センター長

[主な著書]

「文科系の入門 Basic」日本評論社、1990 年
「進化ゲーム理論とアルゴリズム」工学社、2007 年、共著
「ツイッター・ブログ・ホームページ」工学社、2011 年
「文系のための Android アプリ開発」工学社、2013 年、共著
「基礎から学ぶ Unity3D アプリ開発」工学社、2017 年、共著
「基礎からわかるネットワーク・システムの理論と構築」工学社、2018 年
「Scratch 3.0 入門」工学社、2019 年
「『Google Classroom』の導入と遠隔教育の実践」工学社、2020 年

質問に関して

本書の内容に関するご質問は、

① 返信用の切手を同封した手紙
② 往復はがき
③ FAX(03)5269-6031
　（ご自宅の FAX 番号を明記してください）
④ E-mail　editors@kohgakusha.co.jp

のいずれかで、工学社編集部あてにお願いします。
なお、電話によるお問い合わせはご遠慮ください。

サポートページは下記にあります。

[工学社サイト]
http://www.kohgakusha.co.jp/

I/O BOOKS

教材にすぐ使える Scratch 3.0

2021 年 6 月 30 日　初版発行　© 2021

著　者　　梅原　嘉介
発行人　　星　正明
発行所　　株式会社 **工学社**
〒160-0004 東京都新宿区四谷 4-28-20　2F
電話　　　（03）5269-2041（代）[営業]
　　　　　（03）5269-6041（代）[編集]
振替口座　00150-6-22510

※定価はカバーに表示してあります。

[印刷] シナノ印刷 (株)

ISBN978-4-7775-2155-5